KÖNIGS ERLÄUTERUNGEN
Band 491

W0393017

Textanalyse und Interpretation zu

Martin Suter

DIE DUNKLE SEITE DES MONDES

Ruth Hassler

Alle erforderlichen Infos für Abitur, Matura, Klausur und Referat plus Musteraufgaben mit Lösungsansätzen

Bange Verlag

Zitierte Ausgabe:
Martin Suter: *Die dunkle Seite des Mondes. Roman.* Zürich: Diogenes Taschenbuch, 2001

Über die Autorin dieser Erläuterung:
Ruth Hassler-Rütti, geboren 1949, Studium der Germanistik, Psychologie und Pädagogik an der Universität Zürich, promoviert über Robert Musils Roman *Der Mann ohne Eigenschaften*, Mittelschullehrerin für Deutsch an einer Kantonsschule in Zürich und später an der Bündner Kantonsschule in Chur, Autorin von Königs Erläuterungen.

Hinweis:
Die Rechtschreibung wurde der amtlichen Neuregelung angepasst.

Das Werk und seine Teile sind urheberrechtlich geschützt. Jede Verwertung in anderen als den gesetzlich zugelassenen Fällen bedarf der vorherigen schriftlichen Einwilligung des Verlages. Hinweis zu § 52 a UrhG: Weder das Werk noch seine Teile dürfen ohne eine solche Einwilligung eingescannt oder gespeichert und in ein Netzwerk eingestellt werden. Dies gilt auch für Intranets von Schulen und sonstigen Bildungseinrichtungen.

1. Auflage 2013
ISBN 978-3-8044-2006-9
PDF: 978-3-8044-6006-5, EPUB: 978-3-8044-7006-4
© 2013 by C. Bange Verlag GmbH, 96142 Hollfeld
Titelfoto: Panthermedia/Werner Prescher
Alle Rechte vorbehalten!
Druck und Weiterverarbeitung: Tiskárna Akcent

1. DAS WICHTIGSTE AUF EINEN BLICK – SCHNELLÜBERSICHT

Damit sich jeder Leser in unserem Band rasch zurechtfindet und das für ihn Interessante gleich entdeckt, hier eine Übersicht.

Im 2. Kapitel wird **Suters Leben** beschrieben und der zeitgeschichtliche Hintergrund dargestellt:

⇨ S. 10 ff.

→ Martin Suter wird **1948** in **Zürich** geboren, arbeitet zunächst als Werbetexter in **Basel** und seit **1991** als freier Autor in Ibiza und Guatemala.

→ **1997** erscheint sein erster Roman *Small World.*

⇨ S. 22 ff.

→ ***Die dunkle Seite des Mondes*** (2000) ist literaturgeschichtlich der Postmoderne zuzuordnen und gehört zusammen mit den Romanen *Small World* und *Ein perfekter Freund* (2002) zur **„neurologischen Trilogie"**.

Das 3. Kapitel bietet eine Textanalyse und -interpretation.

Die dunkle Seite des Mondes – Entstehung und Quellen:

⇨ S. 30 ff.

Martin Suter wollte eine Geschichte schreiben, in der der Wald eine wichtige Rolle spielt. Das Motiv, eine Figur gegen alle Vernunft und gesellschaftliche Herkunft im Wald leben zu lassen, führte den Autor zur Idee mit den halluzinogenen Pilzen.

Inhalt:

⇨ S. 32 ff.

Urs Blank ist ein 45-jähriger Wirtschaftsanwalt und will etwas an seinem Leben ändern. Er lernt ein Hippiemädchen kennen und konsumiert mit ihr zusammen psychoaktive Pilze. Nach dem Trip hat er seine Aggressionen nicht mehr unter Kontrolle und verliert sein

Gewissen, sodass er immer wieder Gewalttaten verübt. Auf den Rat seines Freundes, des Psychiaters Alfred Wenger, versucht Blank, mit einer Wiederholung des Trips seine Persönlichkeitsveränderung rückgängig zu machen, was aber nur zu einem sich verspätet meldenden Gewissen führt. In der Folge sucht Blank nach dem besonderen Pilz, der beim ersten Mal seine Persönlichkeitsveränderung bewirkt hat, und fühlt sich immer mehr vom Wald angezogen. Schließlich täuscht er einen Suizid vor und lebt fast nur noch im Wald. Als er seinen Pilz endlich gefunden hat, wird auch Blank entdeckt. Sein Widersacher Pius Ott jagt ihn, und die Polizei fahndet nach ihm. Nachdem Blank zur Selbstheilung erfolgreich einen dritten Pilztrip unternommen hat, lässt er sich von Pius Ott erschießen.

Chronologie und Schauplätze:

⇨ S. 62 ff.

Der Roman umfasst 20 Kapitel und spielt in der Schweiz (Raum Zürich) um das Jahr 2000, von März bis November. Die Schauplätze und Figurenperspektiven im Roman wechseln häufig wie im Film. Erzählt wird vor allem aus der personalen Innen- oder Außenperspektive einer Figur, selten in neutraler Außensicht. Es gibt vier ineinander verflochtene Haupthandlungsstränge: den des Protagonisten Urs Blank, den seines Antipoden Pius Ott, den von Blanks Partnern und ihren (teils illegalen) Fusionsaktivitäten sowie der der Polizei. Außerdem gibt es noch einige Nebenhandlungsstränge (z. B. Wenger, Evelyne, Lucille).

Personen:

Die Hauptpersonen sind

⇨ S. 69 ff.

Urs Blank:

→ 45-jähriger Wirtschaftsanwalt,
→ vor dem Trip: gepflegt, geschäftstüchtig, diplomatisch, ausgeglichen, vielseitig interessiert, emotional kontrolliert,
→ nach dem Trip: verwahrlost, geschäftlich desinteressiert, wortkarg, launisch, rücksichtslos, gewalttätig, einseitig interessiert, spontan aggressiv.

⇨ S. 73 ff.

Pius Ott:

→ 63-jähriger erfolgreicher Spekulant,
→ leidenschaftlicher, instinktsicherer Jäger,
→ genießt die Macht über Leben und Tod,
→ rachsüchtig, skrupellos und profitgierig,
→ neigt zur Selbstüberschätzung und Hybris.

⇨ S. 77 f.

Alfred Wenger:

→ etwas jünger als sein Freund Blank,
→ sachkompetenter Psychiater,
→ loyal, integer, hilfsbereit.

⇨ S. 78 ff.

Evelyne Vogt:

→ 38-jährige Geschäftsfrau,
→ unabhängig und selbstständig, emotional kontrolliert,
→ voller Selbstsicherheit und Selbstachtung,
→ realistische Lebenseinstellung.

Lucille Roth: ⇨ S. 80 ff.

- → 26-jähriges Hippiemädchen,
- → drogenerfahren und tierliebend, natürlich und neugierig,
- → selbstbewusst und unabhängig,
- → geht mit Männern unkompliziert und rigoros um.

Wir stellen diese Hauptpersonen ausführlich vor und nennen auch die anderen Personen.

Stil und Sprache Suters:

Suters syntaktische Textgestaltung geschieht in einfacher, leicht verständlicher Sprache. Vieles wird in Dialogform erzählt. Suter verwendet Fachausdrücke aus dem Gourmetbereich, der Jägersprache, der Survivaltechnik sowie der Botanik und Chemie. Er kreiert farbige Bilder voller Bewegung und verwendet Symbole und symbolische Bezüge, setzt aber auch bloße Andeutungen und Leerstellen ein, die vom Leser gefüllt werden müssen. ⇨ S. 97 ff.

Verschiedene Interpretationsansätze bieten sich an:

Das Werk *Die dunkle Seite des Mondes* kann als psychologischer Roman, als Psychothriller, als Wirtschaftskrimi und als Kriminalroman betrachtet werden. ⇨ S. 102 ff.

2. MARTIN SUTER: LEBEN UND WERK

2.1 Biografie

Martin Suter (geb. 1948) © Cinetext/ Bruder

JAHR	ORT	EREIGNIS	ALTER
1948	Zürich	Geburt am 29. Februar als mittleres von drei Kindern. Der Vater (gest. 1992) war Doktor der Technischen Wissenschaften und arbeitete in leitender Stellung in der Foto- und Filmchemie, die Mutter war im kaufmännischen Bereich tätig.	
1962	Fribourg	Umzug der Familie. Suter besucht das Collège Saint Michel.	14
1966	Basel	Umzug der Familie. Suter schließt die Mittelschulausbildung mit einem General Certificate of Education der London University ab. Darauf war er kurze Zeit Hörer in Germanistik an der Universität Basel.	18
1968	Basel	Suter beginnt seine Ausbildung zum Werbetexter in der Basler Werbeagentur GGK.	20
1972	Wien	Suter wird Creative Direktor der GGK Wien.	24
1973/74		Reisen durch Afrika, Indien, Iran, Russland.	25/26
1975	Basel	Suter lässt sich von seiner ersten Frau, der Kunstmalerin Vivian Suter, scheiden und lernt die Modedesignerin Margrith Nay kennen.	27
1976	Basel	Suter gründet mit Theophil Butz und Gerd Hiepler den Art Directors Club Schweiz. Er verlässt die GGK und wird Reisereporter für das Magazin *GEO*. Daneben arbeitet er als freier Texter.	28
1978	Basel	Suter kehrt als Creative Director in die GGK zurück.	30
1981	Basel	Suter gründet mit Robert Stalder eine eigene Werbeagentur, Stalder & Suter.	33

JAHR	ORT	EREIGNIS	ALTER
1982	Basel	Suter schreibt die Dialektkomödie *Familie Chäller.*	34
1983	Basel	Suter schreibt den Chansonabend *Brenk privat. Tagebuch und Lieder.*	35
1985	Basel	Suter schreibt die Dialektkomödie *Sommersong.*	37
1986	Basel	Suter schreibt mit Daniel Schmid das Drehbuch *Jenatsch*, das dieser verfilmt. Robert Stalder steigt aus der gemeinsamen Agentur aus.	38
1987	Basel	Suter schreibt den Chansonabend *Schweizer Lieder.*	39
1988	Basel Ibiza	Suter fusioniert Stalder & Suter mit dem Unternehmen ASGS/BBDO. Beim Festival des phantastischen Films in Sidges (Spanien) wird der Autor für *Jenatsch* mit dem *Best Screenplay* ausgezeichnet. Suter kauft auf Ibiza ein Haus.	40
1989	Basel	Suter wird Präsident des Art Director Clubs (ADC) Schweiz und amtiert bis 1995. 1996 tritt er aus dem Club aus. Er heiratet Margrith Nay.	41
1990/91	Basel	Suter schreibt mit Daniel Schmid das Drehbuch *Zwischensaison*, das dieser verfilmt.	42/43
1991	Basel Ibiza	Suter steigt aus der kriselnden ASGS/BBDO aus und verdient sein Geld erst als freier Texter und Autor, dann nur noch als Autor. Er lässt sich auf Ibiza nieder.	43
1992–94	Ibiza Guatemala	Für DRS und ZDF schreibt Suter Drehbücher der Fernsehserie *Die Direktorin*. In Guatemala kauft er Land und baut ein Haus. Fortan wohnt er im Sommer auf Ibiza und im Winter in Guatemala.	44–46

2.1 Biografie

JAHR	ORT	EREIGNIS	ALTER
1992–2004	Ibiza/ Guatemala	Suter schreibt für die *Weltwoche* die wöchentliche Kolumne *Business Class*.	44–56
1994	Ibiza/ Guatemala	Suter schreibt den Chansonabend *Café fertig. Eine Conférence mit Liedern.* Suter schreibt im Auftrag von ARD, ORF und SF das Drehbuch *Herrenboxer* für die Krimiserie *Tatort*. Das erste Buch mit Kolumnen *Business Class, Manager in der Westentasche*, erscheint im Weltwoche-ABC-Verlag.	46
1995	Ibiza/ Guatemala	Suter schreibt für *NZZ Folio* die Kolumne *Richtig leben mit Geri Weibel*, die er bis 2001 weiterführt. Der Autor erhält für die Kolumne *Business Class* beim Joseph Roth-Wettbewerb in Klagenfurt den Preis der österreichischen Industrie. Das zweite Buch mit seinen Kolumnen, *Business Class, Mehr Manager in der Westentasche*, erscheint.	47
1997	Ibiza/ Guatemala	Suters erster Roman erscheint (wie alle folgenden Romane) im Diogenes Verlag: *Small World*, der erste Alzheimerroman der Literaturgeschichte, zu dem der Autor durch die Krankheit seines Vaters motiviert wurde. Dafür erhält er im gleichen Jahr als Preis die Ehrengabe des Kantons Zürich.	49
1998	Ibiza/ Guatemala	Suter erhält für *Small World* in französischer Übersetzung den *Prix du premier roman étranger.* Für Daniel Schmid verfasst er das Drehbuch für den Film *Beresina oder Die letzten Tage der Schweiz.* Das dritte Kolumnen-Buch erscheint unter dem Titel: *Business Class, Noch mehr Manager in der Westentasche*.	50

JAHR	ORT	EREIGNIS	ALTER
2000	Ibiza/ Guatemala	Der zweite Roman der „neurologischen Trilogie", *Die dunkle Seite des Mondes*, erscheint, ebenfalls *Business Class, Geschichten aus der Welt des Managements*.	52
2001	Ibiza/ Guatemala	*Richtig leben mit Geri Weibel* erscheint.	53
2002	Ibiza/ Guatemala	Der dritte Roman der „neurologischen Trilogie", *Ein perfekter Freund*, erscheint und wird im *Literarischen Quartett* gelobt. Eine neue Folge von *Richtig leben mit Geri Weibel* und *Business Class. Neue Geschichten aus der Welt des Managements* erscheinen.	54
2003	Ibiza/ Guatemala	Für den Roman *Ein perfekter Freund* erhält Suter den *Deutschen Krimipreis* (Platz 2) in der Kategorie „National" des Bochumer Krimi Archivs.	55
2004	Ibiza/ Guatemala	Der Roman *Lila, Lila* erscheint. Im März wird der Schriftsteller mit der *Goldenen Diogenes Eule* ausgezeichnet.	56
2004–2007	Ibiza/ Guatemala	Die Kolumne *Business Class* erscheint im *Magazin* des *Tages-Anzeigers.*	56–59
2005	Ibiza/ Guatemala	*Huber spannt aus und andere Geschichten aus der Business Class* erscheint. Am 8. März erfolgt die Uraufführung der Komödie *Über den Dingen* im Theater am Neumarkt in Zürich unter der Regie von Georg Staudacher.	57
2006	Ibiza/ Guatemala	Der Roman *Der Teufel von Mailand* erscheint. Am 29. November wird Suters Komödie *Mumien* im Theater am Neumarkt unter der Regie von Sandra Strunz uraufgeführt. Das kinderlos gebliebene Ehepaar Suter adoptiert zwei Kinder im Alter von je drei Monaten aus Guatemala, einen Jungen und ein Mädchen.	58

JAHR	ORT	EREIGNIS	ALTER
		Die Verfilmung von *Ein perfekter Freund* unter dem Titel *Un ami parfait* mit dem Regisseur Francis Girod und den Hauptdarstellern Antoine de Caunes, Carole Bouquet und Martina Gedeck kommt in die Kinos.	
2007	Ibiza/ Guatemala	Für *Der Teufel von Mailand* erhält Suter den *Friedrich-Glauser-Preis* in der Sparte Kriminalroman. Der Band *Unter Freunden und andere Geschichten aus der Business Class* erscheint.	59
2008	Ibiza/ Guatemala	Der Roman *Der letzte Weynfeldt* erscheint.	60
2009	Ibiza/ Guatemala	Suter stellt das Drehbuch zu *Giulias Verschwinden* fertig. Der Film von Christoph Schaub wird am 8. August auf dem Filmfestival in Locarno uraufgeführt. Die Verfilmung von *Lila, Lila* unter der Regie von Alain Gsponer mit den Hauptdarstellern Daniel Brühl, Hannah Herzsprung und Henry Hübchen kommt in die Kinos. *Das Bonus-Geheimnis und andere Geschichten aus der Business Class* erscheint. Am 25. August erstickt Suters Adoptivsohn Antonio in Zürich beim Essen.	61
2010	Ibiza/ Guatemala	Der Roman *Der Koch* erscheint. Die Verfilmung von *Der letzte Weynfeldt* von Alain Gsponer mit den Hauptdarstellern Stefan Kurt und Marie Bäumer, eine Koproduktion von SRF und ZDF, läuft an. Die Verfilmung von *Small World* unter dem Titel *Je n'ai rien oublié* unter der Regie von Bruno Chiche und den Hauptdarstellern Gérard Depardieu und Alexandra Maria Lara kommt in die Kinos.	62

JAHR	ORT	EREIGNIS	ALTER
		Von der Stiftung Marktwirtschaft für Wirtschaftssatire erhält Suter den *Swift-Preis* für seine Kolumnen *Business Class.* Im Schauspielhaus Zürich wird das schweizerdeutsche Singspiel *Geri* unter der Regie von Stefan Bachmann uraufgeführt (basierend auf *Richtig leben mit Geri Weibel*).	
2011	Ibiza/ Guatemala	Die Romane *Allmen und die Libellen* und *Allmen und der rosa Diamant* erscheinen. Suter schreibt das Drehbuch *Nachtlärm*, das Christoph Schaub verfilmt. Das Schweizer Fernsehen verfilmt zusammen mit dem ZDF den Roman *Der Teufel von Mailand* unter der Regie von Markus Welter.	63
2012	Ibiza/ Guatemala	Der Roman *Die Zeit, die Zeit* sowie *Abschalten. Die Business Class macht Ferien* erscheinen.	64

2.2 Zeitgeschichtlicher Hintergrund

ZUSAMMEN-FASSUNG

→ Kritik am „Raubtier-Kapitalismus" seit den 1980er Jahren
→ „Corporate Raiders" (Unternehmensplünderer, Firmenjäger) und Insiderhändler
→ Unbehagen an der Moderne: unterdrückte Triebwünsche und Aggressionen als Problemstoff von Autoren seit der literarischen Moderne
→ Martin Suter als postmoderner Autor

„Raubtierkapitalismus" und „Unternehmensplünderer"

Finanzskandale

Zum zeitgeschichtlichen Hintergrund von Martin Suters Roman gehören die sich seit den 1980er Jahren häufenden Skandale und Krisen an den internationalen Finanzmärkten sowie die mit ihnen verbundene Kritik an einem immer rücksichtsloser werdenden Kapitalismus. Ein Aspekt, der dabei besonders in Verruf geriet, ist die gezielte Jagd auf Unternehmen, um sie anschließend gewinnbringend weiter zu veräußern, häufig nach einer Zerschlagung in seine Einzelteile, wobei in der Regel unrentable Bereiche stillgelegt (und somit Mitarbeiter entlassen) werden. In der Diskussion um diese Praktiken wurden Begriffe wie **„Geierfonds", „Heuschrecken" oder „Raubtierkapitalismus"** geprägt. Der ehemalige deutsche Bundeskanzler und jetzige Mitherausgeber der Wochenzeitung DIE ZEIT Helmut Schmidt schrieb im Jahr 2003 eine eindringliches **„Plädoyer für mehr Moral"** in der Wirtschaft:

> „Wir haben in den vergangenen Jahren eine aus Amerika kommende weltweite Fusionswelle erlebt – eine *merger mania*. Aber mindestens die Hälfte aller Fusionen der vergangenen Jahre,

so wird geschätzt, hat sich nicht bewährt. Wohl aber haben Investmentbanken, Wirtschaftsprüfungsfirmen, Anwaltsfirmen und andere Berater (darunter auch so genannte Analysten) an den Fusionen hohe Honorare verdient – und außerdem Gebühren. Manche dieser Firmen ersinnen die *mergers* und die *acquisitions*, sie schlagen sie vor, entwerfen die Verträge und organisieren die benötigten Kredite; sie haben daraus für sich selbst längst einen wichtigen Geschäftszweig gemacht. Sie verbreiten die Ideologie, jede Fusion schaffe ‚Synergie-Effekte' – häufig genug wird aber im Gegenteil Energie nutzlos verbraucht. ‚Leveraged Buy-out' (LBO) gehört längst zu ihrem Jargon, also die schuldenfinanzierte Firmenübernahme. Sie unterscheiden zwischen *friendly* und *unfriendly take-overs. Wer – etwa eines kurzfristigen Vorteils wegen – ein gut gehendes, alteingesessenes Unternehmen zerschlägt, […] der hat sich das Prädikat ‚Raubtierkapitalismus' verdient.*"[1]

„Corporate Raiders"

Der Gegenspieler von Martin Suters Hauptfigur Urs Blank, der Schweizer Investor (und Jäger) Pius Ott, verkörpert dabei den Typus des so genannten *Corporate Raiders*, des „Unternehmensplünderers" oder „Firmenjägers". Ein realer Vertreter dieser Spezies, der US-Investor Ivan Boesky (geb. 1937), Vorbild für die Figur des Gordon Gekko in Oliver Stones Film *Wall Street* (1987), prägte dabei einen berühmt gewordenen Satz, der die dominierende Mentalität solcher Spekulanten auf den Punkt bringt: „Es ist gut, wenn man habgierig ist. Ich glaube sogar, dass es gesund ist, habgierig

„Es ist gut, habgierig zu sein"

---

1 Helmut Schmidt: *Die Gesetze des Dschungels. Manche Topmanager vergessen allen Anstand. Der Raubtierkapitalismus bedroht die offene Gesellschaft. Ein Plädoyer für mehr Moral.* In: DIE ZEIT, 4. 12. 2003. Hervorhebungen im Original. Merger: Zusammenschluss, Fusion. Acquisitions: Übernahme. Take-Over: Übernahme.

zu sein. Sie können geldgierig und trotzdem mit sich im Reinen sein“[2]

Boesky war lange sehr erfolgreich, indem er Anteile von möglichen Übernahmekandidaten, also von Unternehmen, die voraussichtlich in der nahen Zukunft von einem Investor aufgekauft werden würden, im Vorfeld erwarb, um sie später zu höheren Kursen wieder an diesen Investor zu veräußern. Eine solche Strategie funktioniert freilich nur, wenn das betreffende Unternehmen tatsächlich aufgekauft wird und der Wert seiner Anteile dadurch steigt. Als sich diese Strategie als nicht mehr gewinnbringend erwies, tat sich Boesky mit so genannten Insidern zusammen, also Personen, die über Informationen verfügen, die nicht der Allgemeinheit zugänglich sind. (Weshalb diese Personengruppen wie Manager oder Anwälte dazu verpflichtet sind, ihr Wissen nicht zum eigenen Vorteil etwa an der Börse auszunutzen.) Neben Boesky stand dabei ein gewisser Dennis Levine im Zentrum:

Insiderhandel

> „Als Mitte der siebziger Jahre das Übernahmegeschäft in Amerika anfing zu boomen, begann Levines Karriere an der Wall Street. Mit Charme und Chuzpe baute er sich einen Ring von Informanten auf, die entweder in den großen Investmentbanken oder in den Rechtsanwaltskanzleien arbeiteten, die mit diesen Geschäften betraut wurden. Sein Prinzip war einfach: Mit dem Wissen ‚der Gesellschaft‘ – wie er seinen Informantenring nannte – kaufte er die Aktien eines Übernahmekandidaten, und zwar möglichst früh, wenn der Aktienkurs noch niedrig war und keiner Verdacht schöpfte; schließlich wird Insiderhandel von der amerikanischen Aufsichtsbehörde SEC als Straftat verfolgt. Wurde

---

2 Judith Lembke: *Der Insiderhandel Ivans des Schrecklichen. Serie Finanzskandale (18): Ivan Boesky.* In: FAZ, 30. 5. 2009.

> dann die Übernahme bekannt, stieg der Aktienkurs, und Levine konnte seine Titel mit ordentlichen Kursgewinnen verkaufen. / Ein Konto bei der Schweizer Bank Leu auf den Bahamas diente ihm zur Verschleierung seiner Geschäfte."[3]

Eine vergleichbare internationale Kooperation zwischen Investoren, Firmenjägern und Wirtschaftsanwälten, die über Insiderwissen verfügen, findet in Suters Roman statt. Wie Boesky und Levine machen auch die Anwaltskanzlei, für die Blank tätig ist, sowie die Investoren Huwyler und Pius Ott gigantische Gewinne, doch deutet der letzte Satz des Romans darauf hin, dass der Deal am Ende auffliegt (vgl. das verschwindende Messingschild der Kanzlei, S. 315). In der Realität geriet der groß angelegte Insiderhandel Boeskys und Levines ebenfalls bald ins Visier der Börsenaufsicht. Ein Deal mit der Staatsanwaltschaft sollte die Hauptbeteiligten jedoch vor langjährigen Haftstrafen bewahren.

Finanzplatz Schweiz

Auch in der Schweiz gab es um das Jahr 2000 einen berühmten Corporate Raider, den Bankier Martin Ebner. Generell gehört die Schweiz zu den bedeutendsten Finanzplätzen weltweit: Mehr als ein Viertel allen Privatvermögens, das grenzüberschreitend verwaltet wird, befindet sich in der Schweiz, der größte Teil davon stammt von ausländischen Kunden. Politische Stabilität, außenpolitische Neutralität und eine stabile Währung gehören dabei zu den Vorzügen, mit denen Schweizer Finanzdienstleister für sich werben können. Hinzu kommt ein strenges Bankgeheimnis, das allerdings zunehmend in der Kritik steht: Begünstigung von Steuerhinterziehung, Geldwäsche sowie die Entgegennahme von so genannten Diktato-

---

3 Ebd.

rengeldern lauten hier die wichtigsten Vorwürfe.[4] Zwei der weltweit größten Banken, die UBS und die Credit Suisse, sind in der Schweiz beheimatet, daneben eine Vielzahl von kleineren Privatbanken sowie natürlich auch zahlreiche Wirtschaftskanzleien.

Das Unbehagen an der Moderne

Unterdrückte Triebwünsche

Die Konflikte von Suters Hauptfigur – seine Unzufriedenheit mit seinem bisherigen, von Rollenzwängen und Selbstkontrolle geprägten Leben als erfolgreicher Wirtschaftsanwalt, seine Faszination für das Hippiemädchen Lucille und den Wald, seine Befreiung von der Kontrolle durch ein Gewissen, seine sich ungehemmt in die Gewalttat umsetzende Aggression – ist in einem größeren Kontext zu verstehen: dem sich seit 1900 in Literatur, Psychologie oder Philosophie artikulierenden Unbehagen an der Moderne. Die moderne Gesellschaft erwartet bis heute vom Einzelnen, dass er seine Triebwünsche und aggressiven Impulse erfolgreich unterdrückt und im Beruf oder Privatleben rational und berechenbar handelt, wie es Urs Blank als Anwalt offenbar zeitlebens getan hat. Gerade aus Sicht psychoanalytischer Theorien wird dabei das Individuum zum Schauplatz eines Kampfes zwischen unterdrückten (unbewussten) Wünschen und einer übermächtigen Vernunft, mit der sich der Einzelne selbst diszipliniert. Der Literaturwissenschaftler Thomas Anz schreibt dazu:

„Selbstzwang-Apparatur"

> „Das zivilisierte Subjekt sieht sich nach [Norbert] Elias im immer dichter und komplexer gewordenen Geflecht sozialer Beziehungen und wechselseitiger Abhängigkeiten zunehmend genötigt, eine die Folgen des eigenen Handelns vorausbedenkende Ra-

---

4 Vgl. zur Bedeutung der Schweiz als Finanzplatz: Maris Hubschmid: *Der Finanzplatz Schweiz.* In: Der Tagesspiegel, 4. 4. 2012; sowie zur Kritik: http://www.transparency.ch/finanzplatz/ [Stand: Dezember 2012].

> tionalität zu entwickeln und spontane Bedürfnisse langfristigen Planungen unterzuordnen. Diese soziale Nötigung hat es zu einer Art ‚Selbstzwang-Apparatur' verinnerlicht. Sie kommt der gegenseitigen Berechenbarkeit, Gefahrlosigkeit und ökonomischen Effektivität sozialer Interaktionen zugute, ist jedoch mit Leiden an neuen Ängsten und an unausgelebten Triebwünschen verbunden. (...) Die hochgradig konfliktbelastete Konstitution des modernen Subjekts, die Elias als ‚Prozess der Zivilisation' beschrieb, vor ihm Nietzsche als ‚Genealogie der Moral', Max Weber als ‚protestantische Ethik' und ‚Geist des Kapitalismus' oder Freud als ‚Kulturprozess', nach ihm Horkheimer und Adorno als ‚Dialektik der Aufklärung' oder Jacques Lacan als Eintritt in die ‚symbolische Ordnung' der Sprache, ist zugleich auch permanenter Problemstoff der literarischen Moderne."[5]

Befreiung von Vernunft und Moral?

Seit Beginn der literarischen Moderne, also seit Ende des 19. Jahrhunderts, thematisieren zahlreiche Texte immer wieder diesen Konflikt, mit sehr unterschiedlichen Modellen einer „Lösung". So können literarische Texte moral- oder rationalitätskritisch dafür plädieren, dass die unterdrückten unbewussten Triebenergien im Dienste des „Lebens" oder der „Natur" befreit werden. Sie können aber auch im Gegenteil – im Sinne des sich an Kant anschließenden Programms der Aufklärung – vor den Folgen einer solchen Befreiung (für den Einzelnen wie für die Gesellschaft) warnen. Letzteres scheint tendenziell in Suters Roman der Fall zu sein.

Auch Suters im Jahr 2000 erschienener Roman profitiert also noch in erheblichem Maße von diesem ‚Problemstoff' (Anz). Lite-

---

5 Thomas Anz: *Psychoanalyse und literarische Moderne. Beschreibungen eines Kampfes.* In: Thomas Anz/Oliver Pfohlmann (Hrsg.): Psychoanalyse und literarische Moderne. Eine Dokumentation. Bd. 1: Einleitung und Wiener Moderne. Marburg 2006, S. 38

Postmoderne

raturgeschichtlich ist er freilich eher der Postmoderne zuzuordnen, nicht nur aufgrund des Erscheinungsdatums. Martin Suter bewegt sich literarisch zwischen „U“ und „E“, leichter Unterhaltungs- und anspruchsvoller „ernster“ Kunst und überwindet mit seinen Bestsellern die traditionelle Kluft zwischen Elite- und Massenkultur. Die Überwindung dieser Kluft wurde für die postmoderne Literatur 1968 programmatisch von dem amerikanischen Kritiker Leslie A. Fiedler unter dem Motto „Cross the border, close the gap“ gefordert.[6] Eine solche Literatur, die „anspruchsvoll und leichtfüßig zugleich ist“[7], ist gerade für das Programm und die Autoren des Schweizer Publikumsverlags Diogenes charakteristisch, der 1952 von Daniel Keel (1930–2011) gegründet wurde.

---

6 Vgl. Leslie A. Fiedler: *Überquert die Grenze, schließt den Graben! Über die Postmoderne.* In: Wolfgang Welsch (Hrsg.): Wege aus der Moderne. Schlüsseltexte der Postmoderne-Diskussion. Weinheim 1988, S. 57–74.

7 *Nachfolge in Zürich: Philipp Keel übernimmt Diogenes.* In: Der Spiegel, 27. 4. 2012.

2.3 Angaben und Erläuterungen zu wesentlichen Werken

ZUSAMMEN-FASSUNG

- → „Neurologische Trilogie": *Small World* (1997), *Die dunkle Seite des Mondes* (2000), *Ein perfekter Freund* (2002)
- → Neurologische bzw. psychiatrische Themen: Demenz bzw. Alzheimer, Kontrollverlust, Amnesie
- → Alle drei Romane erzählen von Protagonisten, deren Persönlichkeit sich verändert.
- → Alle drei Romane erzählen von vielschichtigen Suchprozessen der Figuren.
- → Auch andere Romane Suters weisen thematische Berührungspunkte auf (Problem der Identität, Drogenkonsum).

Die „neurologische Trilogie"

Die dunkle Seite des Mondes ist der zweite Roman der „neurologischen Trilogie". Der erste trägt den Titel *Small World* und der dritte *Ein perfekter Freund*. Alle drei Romane handeln von Protagonisten mit neurologischen bzw. psychiatrischen Erkrankungen.

Demenz

- → Konrad Lang in *Small World* leidet im Alter an zunehmender Demenz bzw. der Alzheimer-Krankheit. Sein Kurzzeitgedächtnis lässt immer mehr nach; dafür erinnert er sich an Vergangenes immer besser, was bis in seine früheste Kindheit mit Thomas Koch zurückgeht, mit dem er aufgewachsen ist.

Kontrollverlust

- → Urs Blank, der Staranwalt in *Die dunkle Seite des Mondes*, verliert nach einem Trip mit halluzinogenen Pilzen immer mehr die Kontrolle über seine Aggressionen.

Amnesie

→ In *Ein perfekter* Freund leidet Fabio Rossi, von Beruf Journalist, unter einer fünfzigtägigen Amnesie. Diese rührt von einem Schlag mit einem schweren Holzstiel her, den ihm sein Freund und Kollege Lucas Jäger in einem Streit aus Notwehr auf den Kopf geschlagen hat.

Drei Persönlichkeitsveränderungen

Alle drei Protagonisten befinden sich abgesehen von ihren jeweiligen Hirnstörungen auch biografisch gesehen in einem Veränderungsprozess ihrer Persönlichkeit:

→ Konrad Lang in *Small World* verliebt sich in Rosemarie Haug und will sie heiraten. Erst im Alter widersetzt er sich zum ersten Mal Thomas Koch, dem er ein ganzes Leben lang gehorcht hat, weil die Familie Koch bis dahin sein Leben finanziert hat.

→ Urs Blank in *Die dunkle Seite des Mondes* will sein Leben ändern. Er entdeckt seine Liebe zum Wald und verliebt sich in das Hippiemädchen Lucille; in der Folge trennt er sich von seiner Lebensgefährtin und lässt die Kanzlei, für die er arbeitet, im Stich.

→ Fabio Rossi in *Ein perfekter Freund* lässt sich kaufen: Er liefert seine Recherchen über den Nachweis krankheitserregender Prionen (gefährliche Proteine) in Schokoladenriegeln für Geld dem weltweit größten Schokoladenproduzenten aus. Er hängt seinen Journalistenberuf an den Nagel, verlässt seine Freundin und entzweit sich mit seinem besten Freund Lucas, der Fabios Handlungsweise nicht billigt. Lucas versteckt alles Beweismaterial hinter Fabios Rücken. Von seinem Veränderungsprozess weiß Fabio aber nichts mehr, als er am Anfang des Romans mit einem Schädel-Hirn-Trauma erwacht.

In allen drei Romanen beginnt nun ein vielschichtiger Suchprozess, wobei jeweils Neurologen und Psychiater eine helfende Rolle spielen:

Vielschichtige Suchprozesse

→ In *Small World* soll Konrad Lang sein Gedächtnis wiederfinden, worum sich die Neurologen Dr. Wirth, Dr. O'Neill und Dr. Kundert bemühen. O'Neill und Kundert gelingt es schließlich, Konrad Lang mit einem neuen Medikament zu helfen. Über den therapeutischen Prozess ergibt sich dann auch seine wahre Identität: Er wurde in Wirklichkeit als Thomas Koch geboren und musste sein Leben lang ein anderer, eben Konrad Lang, sein, weil seine Stiefmutter es so wollte: Sie gab ihren eigenen unehelichen Sohn als Thomas Koch aus, damit dieser einmal die Koch-Werke erbt, denen sie als ehemalige zweite Gattin und danach Erbin von Koch Senior bis zu ihrem Tod am Romanende vorsteht.

Die Suche nach der Identität

→ In *Die dunkle Seite des Mondes* sucht Urs Blank auf den Rat seines Freundes, des Psychiaters Alfred Wenger, nach seinem verloren gegangenen Gewissen. Dieses findet er zum Schluss auch, allerdings auf Kosten seines Lebens.

Die Suche nach dem Gewissen

→ Fabio Rossi in *Ein perfekter Freund* sucht nach jenen fünfzig Tagen, an die er sich nicht mehr erinnern kann. Er tut dies mit Hilfe von Dr. Vogel, der ihm die Verbildlichung von Sachverhalten empfiehlt. Nun sammelt der Protagonist als Detektiv in eigener Sache systematisch Informationen über sich selbst, wobei ihm auch Lucas und seine erste Freundin Norina helfen. Er findet wieder mit Norina zusammen und kann zurück am Tatort schließlich alle Recherchen zu der Skandalstory über den Schokoladenfabrikanten aus einem Fass heraushieven. Damit ist seine Erinnerung wieder komplett. Zwei Wochen später erscheint in der Sonntagszeitung auf der Titelseite der betreffende Artikel unter dem Titel *Der Schoko-Schock*.

Die Suche nach der Erinnerung

Abhängigkeitsbeziehungen zwischen Männern

In allen drei Romanen findet sich eine Abhängigkeitsbeziehung eines Mannes von einem andern (im ersten und dritten Roman sogar psychisch-identifikatorische) bzw. eine Art Hassliebe, die bis zum Identitätsverlust oder gar zum Tod des Protagonisten führt:

→ In *Small World* ist es die Beziehung zwischen Konrad Lang und Thomas Koch.
→ In *Die dunkle Seite des Mondes* ist es die Beziehung zwischen Urs Blank und Pius Ott.
→ In *Ein perfekter Freund* ist es die Freundschaft zwischen dem Protagonisten Fabio und Lucas.

Zu den Biografien der Protagonisten in der „neurologischen Trilogie"

GEMEINSAME MOTIVE	SMALL WORLD	DIE DUNKLE SEITE DES MONDES	EIN PERFEKTER FREUND
spontane Persönlichkeitsveränderung	Konrad Lang verliebt sich in Rosemarie Haug.	Urs Blank entdeckt seine Liebe zum Wald und verliebt sich in Lucille.	Fabio Rossi lässt sich kaufen, hängt den Beruf an den Nagel und wechselt seine Freundin.
Gehirnerkrankung	fortschreitende Altersdemenz bzw. Alzheimer-Krankheit	Kontrollverlust über Aggressionen, verzögertes Gewissen	Amnesie von 50 Tagen
Ursache	biologisches Alter, evtl. Alkoholmissbrauch	halluzinogene Pilze	Schlag auf den Kopf im Streit mit dem Freund
Neurologe/ Psychologe	Neurologe Dr. Wirth	Psychiater Dr. Wenger	Psychologe und Neurologe Dr. Vogel

GEMEINSAME MOTIVE	SMALL WORLD	DIE DUNKLE SEITE DES MONDES	EIN PERFEKTER FREUND
Suchprozess	Suche nach wirklicher Vergangenheit	Suche nach dem Pilz „Bläuling"	Suche nach den verlorenen 50 Tagen
Abhängigkeitsbeziehung	Beziehung Konrad – Thomas	Beziehung Blank – Ott	Beziehung Fabio – Lucas

Die weiteren Romane bis 2011

Von dem folgenden sechs Romanen Suters (bis 2011) weisen lediglich vier thematische Berührungspunkte mit der „neurologischen Trilogie" auf:

Das Scheitern einer falschen Identität in *Lila, Lila*

→ *Lila, Lila* knüpft an die Identitätsthematik an: Der 23-jährige Protagonist David Kern verändert sein Leben, indem er sich als Schriftsteller eines Romans ausgibt, dessen Manuskript er in der Schublade eines von einem Trödler gekauften Nachttisches gefunden hat. So gewinnt er die literaturinteressierte Marie zur Geliebten. Sie initiiert die Herausgabe des Werks, das ein großer Erfolg wird. Plötzlich taucht aber der vermeintlich wahre Autor Jacky Stocker auf und erpresst David, der seinen Kellnerberuf an den Nagel hängen konnte und jetzt nur noch von Lesung zu Lesung hetzt. Durch die erzwungene Abhängigkeit von diesem Mann und dessen dauernde Präsenz geht ihm die Geliebte verloren. Daran ändert auch Stockers Geständnis auf dem Totenbett – er ist nicht der Autor, sondern hat den Verstorbenen nur gekannt – nichts mehr.

→ Die Hauptfigur Sonja in *Der Teufel von Mailand* leidet unter Synästhesie, ausgelöst vom Konsum von LSD: „Ich schmecke Formen, sehe Töne, rieche Farben" (S. 113). Auch Sonja ist im Begriff, ihr Leben zu ändern. Sie hat sich von ihrem Ex-

Mann Fréderic, der ihr nach dem Leben trachtet, getrennt und arbeitet wieder als Physiotherapeutin in einem Hotel im Engadin. Ihre Synästhesien schärfen ihre Wahrnehmung, sodass ihr merkwürdige Vorfälle besonders auffallen: Sie erkennt deren Zusammenhang mit einer Sage, nämlich der Sage vom Teufel von Mailand, deren Nachspiel Fréderic initiiert und bezahlt, um Sonja letztlich doch noch zu vernichten. Letzteres misslingt jedoch dank ihrer synästhetischen Aufmerksamkeit.

Das Nachspiel einer Sage in *Der Teufel von Mailand*

Das Thema Kunstfälschung in *Der letzte Weynfeldt*

→ Im Roman *Der letzte Weynfeldt* verschiebt sich die Identitätsthematik auf die Ebene der Kunst. Ähnlich wie in *Lila, Lila* geht es um die Authentizität eines Werkes und das Problem der Fälschung durch Kopieren: Alfred Weynfeldt, ein wohlhabender Kunstexperte, der jahrzehntelang allein lebte, verändert seine Identität insofern, als er sich in die Gaunerin Lorena verliebt und sich von ihr ausbeuten lässt. Finanziell hängt auch Strasser von Alfred ab, einem Kunstmaler, der selber zwar nichts Originelles produziert, dafür aber wertvolle Bilder zu kopieren versteht, z. B. die *Femme nue devant une salamandre* von Félix Valloton, die sich im Besitz des alten Baier befindet. Dieser will von Alfred, dass er die Kopie anstelle des Originals versteigert und verkauft, und bietet ihm an: „(...) alles, was du über anderthalb [Millionen] einnimmst, gehört dir." (S. 151) Weynfeldt findet seine eigene Lösung aus dem Konflikt, der „an die Grundfeste der Kunst" (S. 148) oder seines Berufes rührt: Er versteigert das Original, kauft es jedoch unter dem Schutz der Anonymität selbst, bringt Baier die Kopie anstelle des Originals zurück, was dieser in seiner Altersschwäche gar nicht merkt, und kassiert seinen Anteil, was nur den von ihm selbst bezahlten horrenden Betrag reduziert. Somit betrügt er lediglich den Betrüger, der kurz darauf stirbt.

ab 1968	ab 1982	ab 1991	ab 1992	ab 1997
Werbetexter	Komödien und Drehbücher	freier Autor	Kolumnen aus der Business Class	Romane

1997	2000	2002	2004	2006	2008	2010	2011	2012
Small World	***Die dunkle Seite des Mondes***	*Ein perfekter Freund*	*Lila, Lila*	*Der Teufel von Mailand*	*Der letzte Weynfeldt*	*Der Koch*	*Allmen und die Libellen* *Allmen und der rosa Diamant*	*Die Zeit, die Zeit*

Aphrodisiaka und schweizerisch-tamilische Identität in *Der Koch*

→ Der tamilische Asylbewerber Maravan Vilasam in *Der Koch*, der als Küchenjunge in einem Gourmettempel in Zürich arbeiten muss, kann auserlesene aphrodisierende Gerichte aus der ayurvedischen Küche Indiens zubereiten. Aphrodisiaka sind Mittel zur Belebung oder Steigerung der Libido, die auf das Lustempfinden und/oder die Geschlechtsorgane anregend wirken. Dieses Motiv erinnert an die halluzinogenen Pilze in *Die dunkle Seite des Mondes*.

3. TEXTANALYSE UND -INTERPRETATION

3.1 Entstehung und Quellen

ZUSAMMEN-
FASSUNG

- → Der Wald war Suters Ausgangsmotiv.
- → Suter begann mit dem Schreiben 1999 und schrieb ein Jahr an dem Roman.
- → Wichtig waren Suters Kenntnisse der Schweizer ‚Business Class' und des Waldes, hinzu kamen Recherchen, v. a. über halluzinogene Pilze und Überlebenstechniken.
- → Mögliche literarische Vorbilder sind R. L. Stevensons *Strange Case of Dr Jekyll and Mr Hyde* (1886) und Alfred Döblins Erzählung *Die Ermordung der Butterblume* (1904–11).

Quellen zum zweiten Roman Martin Suters *Die dunkle Seite des Mondes* existieren nicht. Wie Suter der Verfasserin schreibt, kam dem Romancier die Idee zu diesem Werk im Jahre 1999:

Wald als Ausgangsmotiv

> „Ich wollte eine Geschichte schreiben, in der der Wald eine wichtige Rolle spielt. Ich wollte sie so schreiben, dass man nach der Lektüre eine Zeitlang mit anderen Gefühlen durch den Wald spaziert."[8]

In einem Interview mit Ardita Shilova antwortet Suter auf die Frage, wie er auf die Idee mit dem Pilztrip kam:

8 Brief an die Verfasserin vom 9. August 2012.

> „Ich brauchte eine Figur, die im Wald lebt, obwohl sie dort gar nicht hinpasst. Und ich brauchte einen Grund, dass sie, entgegen ihrer Natur und alle Vernunft, dorthin geht. So kam ich auf die halluzinogenen Pilze.“[9]

Business Class

Obwohl der Roman nichts Autobiografisches enthält, halfen dem Autor zum einem seine genauen Kenntnisse der Mentalitäten der Schweizer ‚Business Class‘, wie er sie auch in seinen Kolumnen beschreibt, zum anderen persönliche Erfahrungen im Wald, auch aus der eigenen Kindheit. Die Struktur des Romans plante er zuerst aufs Genaueste und recherchierte über Wald, Pflanzen und Survivaltechniken. Zugleich gewährte er seinen Figuren und seiner Phantasie während des Schreibprozesses viel Freiraum. Seine Arbeit am Roman dauerte etwa ein Jahr. Daneben schrieb er weiter seine wöchentliche Kolumne *Business Class* und die monatliche Kolumne *Richtig leben mit Geri Weibel*.

Recherchen

Literarische Vorbilder

Als mögliche literarische Vorbilder lassen sich anführen (und wurden auch in den Besprechungen von Suters Roman genannt):

→ Robert Louis Stevensons Roman *Strange Case of Dr Jekyll and Mr Hyde* (1886) über einen frühen Fall von Persönlichkeitsspaltung, bei dem das zweite Ich Morde begeht.
→ Alfred Döblins Erzählung *Die Ermordung der Butterblume* (1904–11) über einen Spaziergänger, der im Dialog mit der Natur wahnsinnig wird.

---

9 Shilova, *Mich interessieren Veränderungen.*

3.2 Inhaltsangabe

ZUSAMMEN-FASSUNG

Der Roman spielt in der Schweiz, vermutlich im Raum Zürich um das Jahr 2000, von März bis November. Der Protagonist Urs Blank ist ein erfolgreicher 45-jähriger Wirtschaftsanwalt und hat das Bedürfnis, sein Leben zu verändern. Er lernt erst ein Hippiemädchen kennen und konsumiert dann mit ihm zusammen psychoaktive Pilze. Nach dem Trip hat er seine Aggressionen nicht mehr unter Kontrolle und verliert sein Gewissen, sodass er immer wieder Gewalttaten verübt. Auf den Rat des mit ihm befreundeten Psychiaters Alfred Wenger versucht er mit einer Wiederholung des Trips, seine Persönlichkeitsveränderungen rückgängig zu machen, was aber nur halb gelingt. In der Folge sucht Blank weiter nach dem speziellen Pilz, der seine Aggressionsenthemmung bewirkt hat, und zieht sich immer mehr in den Wald zurück. Schließlich täuscht er sogar einen Suizid vor und lebt fast nur noch im Wald. Als er den seltenen Pilz endlich gefunden hat, wird auch Blank entdeckt. Sein Widersacher Pius Ott jagt ihn, und die Polizei fahndet nach ihm. Nachdem Blank zur Selbstheilung erfolgreich einen dritten Pilztrip mit jener besonderen Pilzart erlebt hat, lässt er sich von dem Jäger Ott erschießen.

1. Kapitel

Äußerlich freundlich, innerlich aggressiv

Urs Blank arbeitet als erfolgreicher Wirtschaftsanwalt in der Kanzlei Geiger, von Berg, Minder & Blank und ist spezialisiert auf Fusionen mit schweizerisch-amerikanischer Beteiligung. Gerade betreut er die Fusion (die eher eine Übernahme ist) der ELEGANTSA-Filialen von Dr. Fluri mit CHARADE, vertreten durch Hans-Rudolf Nauer.

In dem Ausflugslokal Waldruhe im Stadtwald treffen sich die Beteiligten in einem diskreten Hinterzimmer. Dort antwortet Blank Dr. Fluri, der einmal mehr, um die Übernahme hinauszuzögern, eine neue Bedingung gestellt hat, wie immer freundlich: „Kein Problem, dazu bin ich schließlich da." (S. 5) Gleichzeitig stellt er sich aber vor, dass er Dr. Fluri als Antwort ohrfeigt.

Ein spontaner Waldspaziergang

Nach der Sitzung beschließt Blank, nicht wie üblich gleich heimzufahren, sondern zu Fuß durch den Wald zur Tramstation zu gehen. Dabei kann er sich nicht erinnern, wann er das letzte Mal durch einen Wald gegangen ist. Er genießt den Spaziergang und freut sich, wie dabei seine teuren Maßschuhe schmutzig werden.

Zur gleichen Zeit fliegt der Investor und passionierte Jäger Pius Ott, 63 Jahre alt, in seinem privaten Learjet und erinnert sich an seinen letzten Jagdausflug. Ein Anruf des von ihm beauftragten Hans-Rudolf Nauer unterbricht seine Träume.

Blank beschimpft Evelynes Gäste

Am selben Abend wohnt Blank der Eröffnung einer Präsentation seltener Bauhaus-Originale bei, die seine Lebensgefährtin Evelyne Vogt in ihrem Geschäft für Designmöbel verkauft. Dort tritt er, von plötzlichem Groll gepackt, zwei Vertretern der neuen Architekturschule, die sich über das Alter moderner Möbel mokieren, zu nahe, indem er auf eine Parallelität zur Architektur hinweist, deren „Modernität" zeitlich noch weiter zurückreiche. Innerlich schimpft er sein Gegenüber „Schafskopf" und murmelt auf eine unterschwellig herabsetzende Entgegnung sogar: „Arschloch" (S. 11). Als Evelyne ihn später zur Rede stellt, meint Blank nur schulterzuckend: „Ab und zu stinkt's jedem." (S. 12)

In der nächsten Szene schwimmt Ott zur Beruhigung in seinem mit exotischen Jagdtrophäen geschmückten Privat-Schwimmbad. Er ärgert sich über die Hinhaltetaktik von Fluri, weil er in CHARADE viel Geld investiert hat.

Blanks Wut und Otts Pläne

Blank spürt tags darauf einen für ihn ungewohnten leichten Kater. In der Kanzlei geht ihm sein junger Kollege Gerber plötzlich auf die Nerven. Da Fluri Blank dringend sprechen will, wird der Anwalt wieder wütend und schimpft seinen Klienten „Arschloch" (S. 14). In der Partnersitzung, die dem Austausch von Hintergrundinformationen dient, erfährt Blank, dass Pius Ott später, wenn sich die CHARADE mit der Übernahme der ELEGANTSA übernommen hat, erstere übernehmen und an UNIVERSAL TEXTILE weiterverkaufen will. Zudem weiß von Berg, dass Ott Fluri hasst.

Wunsch nach Veränderung

Auf dem Weg zum Goldenen Löwen, wo Blank jeden Mittwoch mit seinem Schulfreund Alfred Wenger, einem Psychiater, speist, riecht er den Frühling und konstatiert, dass er „ein paar Dinge in seinem Leben ändern" (S. 17) sollte. Anders als gewohnt, schlendert er über den Flohmarkt, entdeckt einen ihm bekannten Duft von Räucherstäbchen und lässt sich von einem Hippiemädchen *Sandlewood*-Stäbchen verkaufen. Beim Mittagessen mit Wenger bestellt Blank anstelle des üblichen Mineralwassers einen Wein. Wenger findet es ganz in Ordnung, einmal etwas anderes als üblich zu tun.

Duft oder Gestank?

Am Abend steckt Blank die Räucherstäbchen an und versucht, sich an ein Mädchen in seiner Jugend zu erinnern, das er mit diesem speziellen Duft verbindet. Die heimkommende Evelyne fragt nur: „Was stinkt hier so?" (S. 22)

2. Kapitel

Blank nähert sich Lucille

Die 23-jährige Lucille, das Hippiemädchen, lebt bescheiden von ihrem Flohmarktstand, wo sie neben Räucherstäbchen indische Seidentücher und Meditationszubehör verkauft. Zweimal im Jahr reist sie nach Indien und Indonesien, um einzukaufen. Die Wohnung teilt sie mit einer Freundin und einem Kätzchen namens Troll. Als Blank erneut an ihrem Stand auftaucht, verkauft sie ihm wieder Räucherstäbchen und zwei Halter dafür. Dabei stellt sie fest, dass ihr der

Ein typischer Hippiestand auf einem Flohmarkt, hier auf Ibiza
© ullstein bild – Still Pictures/ Nigel Dickinson

Mann gefällt, auch wenn er nicht ihrer Welt angehört. Er behauptet, dass er keine Frau habe, der er ein Seidentuch schenken könnte, und verleugnet damit Evelyne.

Midlife-Crisis und/oder neue Frau?

Diese trifft sich mit ihrer Freundin Ruth Zopp, der sie vom neuen Räucherstäbchenkult von Urs berichtet. Der Grund dafür, so vermuten die beiden Frauen, könnte eine Midlife-Crisis und/oder eine andere Frau sein.

Huwylers Fusionspläne und Fluris Finanznot

Anton Huwyler, Präsident der CONFED, der größten Versicherungsgruppe des Landes, ist einer der wichtigsten Klienten von Urs Blank. Ihm hat Blank es zu verdanken, dass Geiger, von Berg & Minder ihn als Partner aufgenommen haben. Anlässlich einer Zusammenkunft verrät sein Gönner Blank die bevorstehende Fusion der CONFED mit BRITISH LIFE, SECURITÉ DU NORD und HANSA ALLGEMEINE, wodurch der größte Versicherungskonzern der Welt entstehen würde. Blank bietet Huwyler das Fusionsmandat an. Blank sagt zu, tendiert aber innerlich dazu abzulehnen. Deshalb informiert er seine Partner in der nächsten Sitzung über Huwylers Angebot vorläufig noch nicht. Stattdessen spricht man über Fluri, der vor einigen Jahren bei seinem „Russlandfeldzug" infolge der Rubelkrise viel Geld verloren haben soll. Fluri selbst beziffert den Verlust auf zwei bis zweieinhalb Millionen, Dr. Geiger geht jedoch davon aus, dass sich Fluris Verlust eher auf 20 bis 25 Millionen belaufe; die ihm unliebsame Fusion mit CHARADE sei in Wahrheit Fluris letzte Hoffnung. Dennoch versucht Fluri, den endgültigen Vertragsabschluss weiter hinauszuzögern, weshalb Blank Nauer rät, Fluri mit dem Abbruch des Geschäfts zu drohen. Daraufhin lenkt Fluri tatsächlich ein.

Fluri unterzeichnet den Vertrag samt Haftungsklausel

Da Pius Ott um seine CHARADE-Investition bangt, lädt er Blank zu sich nach Hause ein. Er erkundigt sich bei Blank nach Fluris finanziellem Notstand und erhält indirekt von dem Anwalt die gewünschte Auskunft: Man könne eine Klausel für verheimlichte Verlustrisiken von 20 Millionen Franken einbauen, wonach Fluri für den gesamten Verlust haften muss, sollte der Verlust diesen Betrag übersteigen – was den Gründer der ELEGANTSA letztlich ruinieren würde. Diese Aussicht macht Ott sehr zufrieden. Er schenkt Blank zum Dank für diese Information ein Jagdmesser mit der Inschrift: „*Never hesitate*" (S. 37), was so viel heißt wie: Nie Bedenken tragen, nie zögern. Wie erwartet, unterschreibt Fluri in der Waldruhe, wenn auch widerwillig, den Vertrag mitsamt der Klausel, da er seinen wirklichen Verlust nicht zugeben will. Blank stellt anschließend fest, dass alles Rechthaberische und Arrogante von dem alten Mann gewichen ist; er tut „Blank fast ein wenig leid" (S. 42).

Blank lädt Lucille nach der Vertragsunterzeichnung in ein indisches Restaurant ein. Es fällt ihm auf, dass Lucille der erste Mensch in seinem Leben ist, der ohne Hemmungen und voller Neugier fragt, wenn er etwas nicht versteht. Als sie wissen will, was er heute gemacht habe, antwortet er: „Einen alten Mann ruiniert." (S. 45) Er gibt sogar zu, dass ihm das „irgendwie schon" (S. 46) leid tut. Danach schläft Blank zum ersten Mal mit Lucille und kehrt erst in der Nacht in die gemeinsame Wohnung mit Evelyne zurück. Diese erkennt sofort, was vorgefallen ist, als sie den fremden Geruch an Urs' Kleidern wahrnimmt.

Von der Ruinierung Fluris zur Eroberung Lucilles

3. Kapitel

Die Fusion von CHARADE und ELEGANTSA, die eigentlich eine Übernahme ist, beherrscht die Schlagzeilen in der Presse. Die Kommentare lesen sich schon fast wie Nachrufe auf Dr. Fluri.

Urs Blank erzählt seinem Freund Alfred Wenger von Lucille und dass Evelyne seine neue Liebesbeziehung bewusst ignoriert. Blank ist sicher, dass seine Beziehung mit Evelyne bald zu Ende geht. Er fühlt sich durch die Liebe zu dem Hippiemädchen so tiefgreifend verändert und voller Tatendrang, dass er die Herausforderung, die ihm Huwyler mit dem Mandat der Fusionierung der multinationalen Konzerne angeboten hat, doch annehmen will und die Neuigkeit nun auch seinen Partnern mitteilt. Lucille besteht aus Prinzip darauf, sich für jede Einladung mit einer Gegeneinladung an einem Ort ihrer Wahl und Möglichkeiten zu revanchieren. So pendeln sie zwischen feinen, teuren Lokalen einerseits und alternativen, billigen anderseits, wobei Blank immer weniger darauf achtet, nicht mit Lucille gesehen zu werden.

Zwischen zwei Welten

Evelyne möchte Urs Blank nicht verlieren und fragt ihre Freundin Ruth Zopp um Rat. Diese rät ihr, an ihre Selbstachtung zu denken: „Schmeiß ihn raus, Evelyne. Es ist eine Frage der Menschenwürde."

Trennung von Evelyne

(S. 53) Das tut Evelyn dann auch. Blank versucht, sich seiner langjährigen Freundin doch noch zu erklären: Er habe während des Waldspaziergangs eine andere Welt mit anderen Gesetzen und Prioritäten entdeckt. Die gewohnte Wirklichkeit genüge ihm nicht mehr. Zu dieser anderen Welt gehört für ihn auch Lucille. Evelyne findet dagegen, dass er nach wie vor in der gleichen Welt lebe „wie jeder Spießer Mitte vierzig", der sich eine junge Freundin leisten könne

Einzug ins Hotel

(S. 54). Blank mietet sich daraufhin im Hotel Imperial eine Suite für eine Monatspauschale von zwölftausend Franken monatlich. Diese Suite kommt ihm vor „wie der Stadtwald und der Flohmarkt. Eine eigene Welt mitten in der seinen." (S. 55)

Otts Hass auf Fluri

In der Lobby dieses Hotels trifft er seinen Partner Geiger, der sich hier soeben mit Ott unterhalten hat. Von Geiger erfährt Blank, weshalb der Investor Dr. Fluri hasst: Vor vierzig Jahren war Ott in seiner Militärzeit Leutnant unter dem Kompaniekommandanten Fluri. Bei einer Schießübung, die aus Otts Perspektive von Fluri mit hohen Offizieren vor den Sperrzeiten veranstaltet wurde, kam ein Waldarbeiter ums Leben. Fluri gab Ott als dem verantwortlichen Schießoffizier die Schuld, was für diesen das Ende seiner militärischen Karriere bedeutete, während Fluri auffällig rasch befördert wurde.

Verführung zum Drogentrip

Lucille ist von der Suite nicht so beeindruckt, wie Blank es erwartet hat. Wie Evelyne findet sie, dass Blank noch immer in seiner alten Welt lebt, und zieht es vor, mit ihm in ihrer eigenen Wohnung zu schlafen. Zuvor raucht sie noch einen Joint, nötigt auch ihm einen Zug auf und fragt ihn nach Drogenerfahrungen mit LSD oder Pilzen. Blank hat keine diesbezüglichen Erfahrungen, sagt aber, „wohl unter der Wirkung des Marihuanas (...): ‚Es ist nie zu spät.'" (S. 61)

4. Kapitel

Blank lässt sich von Lucille zu einem „meditativen Wochenende" überreden. Mit der Musik von Pink Floyds *Dark Side of the Moon,* die Lucille als „die beste Trip-Musik der Welt" (S. 62) bezeichnet, und einer Campingausrüstung fahren sie durch den Wald zu einer Lichtung mit dem kleinen Gehöft von Joe Gasser. Blank lernt die anderen Teilnehmer kennen: Susi, eine Mittelschullehrerin Mitte dreißig, Benny, ein höchstens 20-jähriger Straßenmusiker, Pia, eine etwa 50-jährige Hausfrau, Pias Mann Edwin, der bei einer Bank arbeitet, und Shiva, die „Reiseführerin", welche die wichtigste Anweisung gibt: „Versucht alle, die kritisierende, urteilende innere Instanz auszuschalten und den Prozess zu erleben, ohne ihn zu früh analysieren zu wollen." (S. 66)

Auf dem Weg zur „Dark Side of the Moon"

Ausschaltung der urteilenden Instanz

Das Ritual verläuft so: Zuerst schwitzen alle in einer Holzhütte, springen danach in eiskaltes Wasser, ziehen sich an und kehren ins Zelt zurück. Dort murmelt Shiva vor einem Altar Formeln. Darauf nimmt sich jeder von den psilocybin- und psilocinhaltigen Pilzen entsprechend seinem Körpergewicht und kaut sie. Blank nimmt sich zwei mittelgroße, zwei kleine und einen ganz winzigen blauen. Nach dem Kauen wird der bittere Brei mit Vitamin-C-Wasser hinuntergespült. Nun überlässt sich jeder der Wirkung der Pilze und erlebt seinen individuellen Trip, während alle auf irgendwelchen Schlaginstrumenten spielen.

Das Ritual

Urs Blank spürt zunächst, dass ihm das Trommeln nicht mehr auf die Nerven geht, sondern ihm sogar mehr und mehr gefällt. Er nimmt eine Schellentrommel und spielt darauf mit wachsendem Selbstbewusstsein. Plötzlich gibt er den andern den Takt vor, fängt an, „den Zirkel zu tyrannisieren." (S. 71) Dabei bekommt er das Gefühl, alle Musik in ihrem innersten Wesen zu verstehen. Bald fühlt er alles in Bewegung, er hört auf zu trommeln und muss sich setzen, weil ihm übel wird. Joe, der dies bemerkt, schleift ihn zusammen

Blanks Trip

mit Edwin ins Freie. Blank erlebt sich als Bestandteil der Wiese und hat Farbhalluzinationen. Als Lucille zu ihm hintritt, schlägt er ihr ins Gesicht, weil sie die „Wiesenwichte" vertreibe, die er zu sehen glaubt. Nachdem diese „weggestoben" sind, steht er auf und begibt sich in den Wald, der sich in seiner veränderten Wahrnehmung in allen Farben zu bewegen scheint. Blank spürt plötzlich seine Allmacht, zuerst über den Wald, dann über die Menschen, die er kennt und nun beliebig verwandeln kann. Das Ganze gipfelt in der letzten „Einsicht":

Blanks „Einsicht"

> „Alles, was er bisher getan, gedacht, gelernt und gefühlt hatte, beruhte auf einem einzigen, gewaltigen Irrtum. Gut, böse, falsch, richtig, schön, hässlich, ich, du, mein, dein: alles Werte einer Skala, die die große, letzte Wahrheit außer Acht ließ: Es gibt keine Vergleichsgrößen. Weil es nichts gibt. Es existiert nur eine einzige Wirklichkeit: Urs Blank." (S. 78)

Das Trip-Erleben der andern

Die andern Pilzkonsumenten erleben im Vergleich zu Blank weit weniger Spektakuläres: Lucille lacht über alles, sogar über ihre blutende Nase; Joe, der vom vielen Pilzgenuss schon abgehärtet ist, hat Mühe, auf den Trip zu kommen, und fühlt sich von Blanks autoritärem Getrommel gestört; Edwin spürt nichts außer Gereiztheit auf seine Frau und Hass auf den Anwalt; Pia lächelt selig, Shiva streichelt den jungen Benny.

5. Kapitel

Nach dem Trip

Als die andern erwachen, fehlt Blank. Sie gehen ihn suchen und finden ihn in der Schwitzhütte, wo er „wie ein kleiner Junge" (S. 81) weint. Er kann sich nicht erinnern, wie er zurück zur Lichtung gelangt ist. In der Schwitzhütte spielen sich „die von ihm befohlenen Metamorphosen der Natur und der Menschheit" (S. 81) noch einmal vor ihm ab, obwohl er jetzt wieder weiß, wo und wer er ist. Die „Einsicht“ wird „noch deutlicher und noch unanfechtbarer als beim ersten Mal.“ (S. 81) Dann „überfällt ihn ein Gefühl nie gekannter Einsamkeit.“ (S. 82) Lucille fällt auf, dass er apathisch ist und so tut, als existiere sie nicht. Danach fällt er in einen tiefen Schlaf, aus dem er nur schwer wieder erwacht. Als er Lucille erkennt, kommt ihm in den Sinn, dass es sie gar nicht gibt. Über seine Erlebnisse will er nicht sprechen. Lucille belehrt ihn: „Man erfährt Dinge, die man nie gewusst hat. Das muss man verarbeiten.“ (S. 84) Als sie ihn darauf anspricht, dass er sie geschlagen hat, nennt er diese Tat „nicht wirklich.“ (S. 84) Er will auch nicht zu ihr, sondern allein sein. Nach einem Bad und einem ausgiebigen Essen ruft er Lucille an, um sich für sein brüskes Benehmen zu entschuldigen. Während des Telefongesprächs hat sie das Gefühl, dass er ihr gar nicht mehr zuhört, bis sie merkt, dass er ohne Grund aufgelegt hat: „Wie wenn er vergessen hätte, dass sie existierte.“ (S. 86)

Ott sondiert in Moskau

Pius Ott ist in der Zwischenzeit in Moskau. Er lässt sich das MOCKTEX-Einkaufszentrum mit seinen leeren Schaufenstern zeigen, an der die ELEGANTSA eine Mehrheitsbeteiligung hat und deren Immobilienwert Fluri bei der Fusion mit zwölf Millionen Dollar angegeben hat. In Wirklichkeit ist die MOCKTEX überhaupt nichts mehr wert, erfährt Ott.

Blank benimmt sich seltsam

Im Folgenden benimmt sich Blank immer wieder daneben. Bei der Sitzung mit Huwyler und den Vertretern der anderen Fusionsparteien, wo Blank als Moderator fungiert, wirkt er abwesend, unterbricht die Gesprächspartner oder studiert sie verwundert. Anstatt mit ihnen gemeinsam essen zu gehen, verabschiedet er sich ohne Entschuldigung von der irritierten Runde. Zurück im Büro, will ihm Gerber eine Freude machen und teilt ihm die Streichung des Namens ELEGANTSA mit und schließt mit dem Kommentar: „Dr. Arschlochs Gesicht hätte ich zu gerne gesehen“ (S. 88), womit er Fluri meint und Blank zitiert. Darauf schreit Blank mehrmals wütend: „Raus!" (S. 89)

Blank denkt über sein verändertes Verhalten nach

Auf dem folgenden Spaziergang wundert sich Blank selbst über sein Verhalten, er hat sich immer für einen ausgeglichenen Menschen gehalten, aber „(a)ls kleiner Junge hatte er (...) manchmal Anfälle von Jähzorn" (S. 89). Vor der Scheidung seiner Eltern hat er erlebt, dass sein Vater seine Mutter schlug. Seither empfindet er eine „tiefe Abscheu gegen jede Form der Gewalt" (S. 90). Bei sich selbst unterdrückt er sie und lässt sie nur in Form von Gedanken und Fantasien ausbrechen. Deshalb hat er sogar nur waffenfreien Sanitätsdienst geleistet anstelle des normalen Militärdienstes. Jetzt beunruhigt ihn „weniger, dass er die Kontrolle über das längst domestizierte Tier" (S. 91) in sich zu verlieren scheint, als vielmehr, dass ihm dies gleichgültig ist. Wieder geht ihm die „Einsicht" durch den Kopf, dass es nichts und niemanden gibt, „auf den er Rücksicht nehmen musste. Weil nichts und niemand wirklich existierte." (S. 91) Obwohl er weiß, dass das Unsinn ist, handelt er doch weiter nach dieser Devise. Er beschließt, sich bei allen zu entschuldigen, und ruft als erstes Huwyler an. Diesem sagt er jedoch genau das Gegenteil: „Ich sehe keinen Anlass für eine Entschuldigung" (S. 92) und legt auf. Als gleich darauf Dr. von Berg sein Büro betritt und meldet, Huwyler habe angerufen, lässt er seinen Partner einfach sitzen.

Das Unwesentliche und ein Katzenmord

Auf dem Weg zu Lucille fällt ihm ein, dass sein Unterbewusstsein „von Berg wie alles andere unter das Unwesentliche" (S. 92) einreiht. Auch jetzt spürt er nicht das Bedürfnis, „sich zu entschuldigen und Erklärungen zu erfinden" (S. 93). Bei Lucille muss er auf sie warten. Als ihm die Katze auf den Schoß springt, dreht er ihr kurzerhand den Hals um; als er Lucille kommen hört, steckt er das tote Tier in seine Aktentasche. Im darauf folgenden Liebesakt mit ihr verliert er plötzlich das Interesse und schläft ein. Als Lucille ihn weckt und nach Troll fragt, behauptet er, ihn nicht gesehen zu haben, erklärt sich am nächsten Morgen aber bereit, ihr Suchplakat mit Trolls Foto 150-mal zu kopieren, damit sie es überall aufhängen kann.

Blanks „Magenkolik“

Wieder in der Kanzlei, entschuldigt er sich für sein Verhalten mit angeblichen Magenkoliken. Bei seinem Partner von Berg kostet ihn die Wiedergutmachung ein teures Mittagessen. Die tote Katze hat Blank längst vergessen. Erst als Lucille anruft und die Kopien holen will, erinnert er sich an sie. Da auf dem Original ein Blutfleck ist, muss er diesen vor dem Kopieren zuerst entfernen und vergisst danach, das Blatt mitzunehmen. Als Gerber es ihm bringt, wirft er diesen noch einmal hinaus und beschimpft ihn als „Arschkriecher!“ (S. 98). Das bekommt die eben eintretende Lucille mit. Blank begründet den Hinauswurf Gerbers mit der Korrektur des Suchplakats und tröstet seine Freundin mit der Hoffnung, ihre Katze sei jetzt sicher schon zurückgekommen.

Blank provoziert eine Kollision

Darauf fährt er mit seinem Jaguar in den Wald und entsorgt die tote Katze. Auf der Rückfahrt will ihn ein anderer Wagen überholen. Blank beschleunigt, als ihn der andere überholt. Ein dritter Wagen kommt entgegen, sodass die beiden kollidieren. Hinter sich hört Blank „einen Knall wie von einer Explosion“ (S. 101).

6. Kapitel

Identitäts-veränderung?

Im Gespräch mit ihrer Freundin Pat und in Erwartung eines Anrufs von Blank macht sich Lucille Sorgen um ihren Freund, weil er sich seit dem Pilztrip stark verändert hat. Schließlich hat sie ihn dazu überredet und fühlt sich daher verantwortlich. „Nach einem Pilztrip ist man nicht mehr der gleiche Mensch wie zuvor“, stellt sie fest, aber Pat widerspricht: „Er holt nur Dinge raus, die immer in dir drin waren.“ (beide S. 103) Dann ruft Blank doch noch an und entschuldigt sich mit Ausreden.

Schuld an zwei Toten

Auf dem Plakat einer Boulevardzeitung liest Blank am folgenden Tag: „HORRORUNFALL!“ (S. 103) Die beiden Fahrer der seinetwegen kollidierten Autos sind tot. Doch regt sich in Blank keinerlei Schuldgefühl.

Pius Ott profitiert von Fluris „Russlandfeldzug“

Ott berichtet Nauer zufrieden von Fluris Immobilien in Moskau. Seine Fusionsbilanz sieht in Wirklichkeit schlecht aus: Der „Russlandfeldzug“ hat Fluri 29 Millionen gekostet und nicht zwei bis zweieinhalb, wie er im Vertrag angegeben hat. Das soll nun die CHARADE übernehmen, wozu sie nicht in der Lage ist. Also muss die CHARADE ihrerseits „fusionieren“ mit der UNIVERSAL TEXTILE, was Ott seinem langfristigen Vorhaben entsprechend zufrieden in die Wege leitet.

Symptome und Heilungsplan

Blank erzählt seinem Freund Wenger von seinem Pilztrip und den Nachwirkungen. Von den üblichen Stimmungsschwankungen, Euphoriegefühlen und Depressionen abgesehen, sei sein größtes Problem sein Kontrollverlust: „Ich folge jedem Impuls. Es gibt keine Hemmschwelle.“ (S. 107) Und: „Ich habe kein schlechtes Gewissen. Keine Spur von Reue.“ (S. 108) Wenger rät, den Trip zu wiederholen, aber unter seiner Aufsicht, um den Rausch diesmal in eine andere Richtung zu lenken. Alles wird vorbereitet, die Wiederholung für den folgenden Samstag vereinbart und Blank wegen einer „Lebensmittelvergiftung“ krankgeschrieben. Ziel der „Reise“ soll nicht mehr sein, die kritisierende, urteilende innere Instanz auszuschalten, wie Shiva ihnen erneut rät, sondern im Gegenteil: Sie wieder einzuschalten. Diesmal nimmt Blank drei mittlere und drei kleine Pilze, Wenger schaut nur zu.

Versuch einer Korrektur

7. Kapitel

Der zweite Pilztrip

Blanks zweiter Trip verläuft anders: Er lacht über Wenger, weil dieser ihm wie ihr früherer Klassenlehrer vorkommt. Wenger trommelt selbst auf einem Tamburin und will Blank dazu animieren, auf der

Schellentrommel zu spielen. Aber dieser hat keine Lust dazu, sondern überlässt sich ganz dem Rhythmus und bewegt sich nach ihm, ohne aber wie beim ersten Mal selbst dominieren zu wollen. Dann setzt er sich, streckt sich aus und jauchzt, während er die Welt als Achterbahn erlebt, die ins All führt. Er lässt sich von Wenger ins Freie führen und hört diesen sagen: „Du kannst den Kurs bestimmen.“ (S. 116) Daraufhin erlebt er sich als Kurs nehmend in Richtung Erde, fühlt sich zum gläsernen Behälter werden, der sich mit Licht füllt. Wenger schlägt die Schellentrommel und führt Urs zum Waldrand. Urs hört eine Engelsstimme, die *Lux aeterna* aus Verdis *Requiem* singt. Wenger will seinen Freund, wie vereinbart, „an die Stelle führen, an der er begann, sich den Wald und die Welt zu unterwerfen.“ (S. 118) Aber Wenger weiß nicht, wo sich diese Stelle genau befindet. Blank setzt sich einfach auf einen Baumstrunk und legt den Arm um Wenger, der sich ebenfalls niedergelassen hat, und scheint glücklich zu sein. So sitzen sie beinahe eine Stunde lang, bis Blank *Lux aeterna* singt. Damit ist der Trip zu Ende. Auf der Rückfahrt schildert Blank Wenger sein Erleben. Der Psychiater bezweifelt, ob die Wiederholung im beabsichtigten heilenden Sinne gewirkt hat, weil es eine ganz andere Erfahrung gewesen ist. Urs jedoch glaubt, es habe funktioniert.

Glückhaftes Erleben

8. Kapitel

Als Blank wieder in die Kanzlei kommt, muss er zuerst von Berg zurückrufen. Huwyler wird von einem Wirtschaftsjournalisten belästigt, der die bevorstehende Fusionierung vorzeitig publik machen will; Blank soll das verhindern. Evelyne wünscht ihn zu sprechen und weint am Telefon. Sie tut dem Anwalt leid, und er fühlt „so etwas wie ein schlechtes Gewissen“ (S. 122). Sie treffen sich am Abend in ihrer Wohnung zum Essen. Evelyne hat deutlich abgenommen. Wieder spürt Blank ein schlechtes Gewissen, weil er sie verlassen

Wiedersehen mit Evelyne

hat, erklärt Evelyne aber rücksichtslos, dass er ihnen keine zweite Chance geben will. Darauf lässt er sie einfach sitzen und fährt nach Hause.

Gewissen mit schlechtem Timing

Im Gespräch mit Wenger stellt Blank fest, dass sich doch etwas in ihm verändert hat: Sein Gewissen ist wieder erwacht. Aber es meldet sich zu spät, erst im Nachhinein: „am Timing muss ich noch arbeiten“ (S.123). Am andern Tag schickt Blank Evelyne Kamelien und entschuldigt sich.

Reaktion auf Fluris Suizid

Von seinem Partner Geiger erfährt er, dass Fluri sich erschossen hat. Darauf versucht Blank, „das Bild des alten, resignierten Mannes (...) zu vertreiben, wie er in das Taxi stieg, nachdem er ihn in der Waldruhe dazu gezwungen hatte, die Klausel zu unterzeichnen.“ (S. 125)

Blank bedroht den Journalisten

Blank trifft sich mit Pedro Müller in einem Café, um den Journalisten davon abzubringen, vorzeitig über die von Huwyler geplante Fusion zu berichten. Als Müller ihm eröffnet, dass die Geschichte in der nächsten Ausgabe erscheine, droht Blank damit, ihm das Genick zu brechen. Dabei packt er den Journalisten am Hals und drückt, ihn leise beschimpfend, zu. Erst als ein Hund am Nebentisch zu bellen beginnt, lässt er los. Kurze Zeit später erfährt Blank, dass seine Handgreiflichkeit gewirkt hat und Müller tatsächlich von einer Veröffentlichung absieht.

Wenger schätzt Blank als potenziell gefährlich ein

Von da an leidet Blank unter seinem schlechten Gewissen. Wenger rät ihm zu einer Psychoanalyse bei einem anderen Psychiater und fürchtet, dass sein Freund gemeingefährlich werden könnte. Dabei hat ihm Blank den provozierten Autounfall mit den zwei Toten und die Tätlichkeit gegen Müller verschwiegen.

Nach dem Joggen im Wald abends wird Blank auf dem Parkplatz vor seinem Jaguar von einem jungen Mann mit einer angeblich Aids-infizierten Spritze bedroht, damit Blank ihm sein Geld und alle Wertsachen gibt. Der Anwalt wundert sich, dass er keine Angst verspürt, löst seine teure Uhr vom Handgelenk, holt Geld und Papiere und eine schwere Taschenlampe aus dem Wagen, lässt die Papiere vor dem Jungen fallen, und während sich dieser bückt, schlägt Blank ihm die Taschenlampe auf den Hinterkopf, sodass der Junge zusammensackt. Daraufhin nimmt Blank seine Sachen, setzt sich in den Wagen, wendet und überfährt den Räuber:

Ein gescheiterter Raubüberfall

> „Als er aus dem Parkplatz hinausfuhr, tat der schwere Wagen einen kleinen Rumpler. Im Rückspiegel sah es aus, als hätte der Junge am Boden gezuckt. Aber genau konnte er das im schwachen Rot des Rücklichts nicht erkennen." (S. 132)

9. Kapitel

Mitten in der folgenden Nacht erwacht Blank verschwitzt und frierend. Dann trifft „ihn das Bild des zuckenden Jungen mit voller Wucht." (S. 133) Er ist verwirrt: „Hatte er den Jungen überfahren? Mit Absicht? Oder es in Kauf genommen? Hatte er einen Verletzten im Stich gelassen? Oder einen Menschen umgebracht?" (S. 133) Er fährt zurück zum Parkplatz, findet ihn zwar leer, aber eine polizeiliche Umrisszeichnung auf dem Asphalt beweist, dass er den Räuber wirklich getötet hat.

Die Gewissheit: Der Junge ist tot

Früh am Morgen begibt sich Blank zu Joe und will wissen, was bei seinem ersten Trip den Pilzen beigemischt war, weil er seither krank sei, und droht Joe, ihn anzuzeigen. Auf dessen Frage nach seinen Symptomen versetzt Blank ihm eine Ohrfeige und sagt: „Solche" (S. 135). Blank nimmt den kochenden Kaffee vom Herd und schüttet ihn über Joes Arm. Auf die Frage nach dem winzigen Pilz, den Blank damals genommen hat, gibt Joe endlich Auskunft: Es sei ein „Bläuling" (S. 135) gewesen; den Namen hat Joe ihm selbst gegeben; er beschreibt ihn für Blank auf einem Zettel. Am Nachmittag studiert der Anwalt ein Pilzbestimmungsbuch, findet aber

Der „Bläuling"

„darin keinen einzigen Hinweis auf einen winzigen zyanblauen Pilz" (S. 139).

Joe ist mit seinem Hof verbrannt

Der Polizist Rolf Blaser untersucht den niedergebrannten Hof Joe Gassers. Dort findet er auch Joes verkohlte Leiche. Nachdem Lucille von Joes Tod erfahren hat, informiert sie Wenger, weil auch Urs verschwunden ist. Der Psychiater findet Blank bei Evelyne. Der Anwalt steckt in einer psychischen Krise und gesteht, dass ihn sein Schuldgefühl fertig mache. Auf die Frage, ob es noch andere psychoaktive Wirkstoffe als Psilocybin in Pilzen gebe, nennt Wenger „Psilocin", „Serotonin" und „Baeocystin" (S. 145) und erzählt ihm auch vom Tode Joes, was Blank nur mit einem „Ach" quittiert. Wenger rät seinem Freund erneut zu einer Analyse, doch Blank will nur einfach eine Weile weg, worauf ihm sein Freund eine Art Hotel empfiehlt, das mitten im Wald liegt, den Urs so mag, weil er ihn beruhigt.

Blanks Schuldgefühl

10. Kapitel

Die Eschengut-Klinik

Urs Blank begibt sich mit der Diagnose „Erschöpfungsdepression" (S. 148) ins Eschengut, eine Mischung aus Rehabilitationsklinik und Hotel. Sein Huwyler-Mandat übernimmt vorläufig sein Partner Geiger, in Zusammenarbeit mit Christoph Gerber. Seine Tage verbringt Blank im Eschenwald und versucht, „Teil des Waldes zu werden" und das Gefühl während seines ersten Pilztrips zurückzugewinnen, „auf dem Meeresgrund des Waldes" (beide S. 150) zu sein. Danach kehrt er wie befreit in die Klinik zurück.

Einmal sammelt er auch Pilze und trifft auf dem Heimweg Pius Ott, der wie jedes Jahr zu dieser Zeit ebenfalls im Eschengut weilt für eine ‚Verjüngungskur'. Ott identifiziert Blanks Ernte als Tintlinge und schlägt vor, sie gemeinsam in seinem Penthouse zu verzehren. Ott lobt den Wald, weil er das Leben verlängere, indem er „Stillstand und Veränderung" (S. 154) gewähre. Vor dem Pilzessen bietet er

Blank Bordeaux an, was dieser aber ablehnt. Nach der Mahlzeit weist Ott darauf hin, dass der Genuss von Tintlingen zusammen mit Alkohol zu schweren körperlichen Beschwerden führe. Blank wird wütend, weil Ott ihm ja zuvor Wein offeriert hat. Ott erklärt, dass er als guter Menschenkenner schon im Voraus gewusst habe, dass Blank ablehnen würde. Darauf schlägt ihm Blank die Faust ins Gesicht. Als Blank zum zweiten Schlag ausholt, zückt Ott ein Jagdmesser, und Blank geht. Ott erkennt Blanks Verhalten als Zeichen für Kontrollverlust und fragt sich, ob der Anwalt weiß, was für einen Fehler er gerade begangen hat. Zurück auf seinem Zimmer liest Blank, dass der Faltentintling sogar einen tödlich verlaufenden Kreislaufkollaps verursachen kann. Er schreibt ins Buch „Pius Otts Scherzpilz!“ (S. 156) Schuldig fühlt er sich diesmal nicht, was Wenger am Telefon in diesem Fall sogar als Zeichen geistiger Gesundheit deutet.

„Pius Otts Scherzpilz“

Im Folgenden studiert Blank Bücher über den Wald zu Themen wie Waldgemeinschaften, Forstwirtschaft, Naturschutz, Wildkunde oder Jagdpraxis. Blank ist „wie besessen vom Wald. / Im Wald ist er weder gut noch böse, wie jede Kreatur.“ (S. 157)

Vom Wald besessen

In der dritten Woche seines Aufenthalts besucht Evelyne Blank. Sie will ihn unbedingt in den Wald begleiten und lässt sich von diesem Vorhaben nicht abbringen, bis er sie mehrmals anschreit „Hau ab!“ und schließlich mit einem Stein ausholt: „Lauf um dein Leben!“ (S. 158 f.) Wenger gegenüber begründet er sein Verhalten damit, dass Evelyne in seine Intimsphäre eingedrungen sei, was sie schon immer gewollt habe.

Evelynes Vertreibung

Der Bauer Egli informiert den Polizisten Rolf Blaser, dass er vor dem Brand von Joe Gassers Hof einen schwarzen Jaguar gesehen habe.

Vor dem Brand ein schwarzer Jaguar

11. Kapitel

Hotel Stadtwald

Nach vier Klinik-Wochen fühlt sich Urs Blank dem beruflichen Alltag „wieder einigermaßen gewachsen.“ Er hat nur noch selten Depressionen, und wenn sie auftreten, behandelt „er sie mit einer Überdosis Wald“. Ausbrüche seines Jähzorns sind „ohne Folgen für Dritte geblieben“ (alle S. 163). Er mietet sich im Hotel Stadtwald ein, also in der Nähe des Waldes. Seinen Jaguar tauscht er gegen einen schwarzen Range Rover. Zweimal in der Woche trifft er sich mit Wenger. Lucille beschäftigt ihn noch hie und da. Nur einmal hat er sie vom Eschenwald aus angerufen, doch sie hatte keine Lust, mit ihm zu sprechen. Als er sie auf dem Flohmarkt besuchen will, erfährt er von ihrem Stellvertreter, dass sie in Indonesien auf Einkaufstour ist und frühestens in einem Monat zurückkehrt. In der Kanzlei will Blank vorerst nur im Hintergrund arbeiten.

Ott und Geiger

Zwischen Ott und Geiger ist infolge der Fusionsverhandlungen der UNIVERSAL TEXTILE und der CHARADE eine Art Freundschaft entstanden. Ott befriedigt Geigers Vorliebe für Alkoholgenuss in Nachtclubs und außergewöhnliche Sexualpraktiken, und Geiger versorgt ihn dafür mit Informationen über die bevorstehende Übernahme der CONFED.

Versenkung in den Wald

Blank frönt seiner Liebe für den Wald und versenkt sich in ihn mit einer selbstentwickelten Technik: Er setzt sich auf den Boden und presst einen Zweig, ein Farnwedel oder ein Stück Moos gegen die Stirn und schließt dabei die Augen. Um kein Aufsehen zu erregen, begibt er sich immer tiefer in den Wald hinein. Bei seinen Streifzügen ohne Kompass und Karte folgt er lediglich seinem Instinkt. „Als hoffte er insgeheim, sich im Wald zu verirren.“ (S. 169) Als dies einmal tatsächlich geschieht, verbringt er die Nacht im Wald und kommt dabei dem Gefühl beim ersten Pilztrip so nahe wie nie zuvor, holt sich jedoch auch eine schwere Erkältung. Während seiner Genesung macht er sich mit der Welt des „Survival“, der Über-

Kunst des „Survival“

lebenskunst in der Wildnis, vertraut und kauft sich hernach alle möglichen Ausrüstungsgegenstände.

Die Partnersitzung

Bei der nächsten Partnersitzung stellt Blank fest, dass sich Geiger und Gerber duzen und dass sein eigener Name auf den verteilten Unterlagen fehlt. Dafür stehen die Namen von Gerber und Pius Ott darauf. Folglich ist Gerber zum Teilhaber aufgestiegen und Ott ebenfalls Partner der Firma geworden. Aber all dies lässt Blank kalt.

Blaser sucht den Besitzer des schwarzen Jaguars

Der Polizist Blaser, der immer noch nach dem Besitzer des schwarzen Jaguars sucht, der vor dem Brand vor Joe Gassers Hof gestanden haben soll, hört zufällig im Auto einen Song mit einer Liebeserklärung an einen Pilz, gesungen von einem Benny Mettler. Blaser findet den Musiker auch bald, erfährt von ihm aber nur, dass er sich nicht mehr an den Namen des Jaguar-Fahrers erinnert, hingegen an Lucille, die einen Flohmarktstand betreibt und diesen Mann zu Joe mitgebracht hat.

„Nichts war wirklich, nur er selbst."

Mit seiner Survival-Ausrüstung begibt sich Blank auf eine zweitätige Waldtour. Er errichtet sich ein Nachtlager und genießt das Gefühl, als einziger Mensch zu wissen, wo er sich aufhält. Als es am Morgen regnet, beschließt er, noch eine dritte Nacht im Wald zu verbringen. Und wieder erkennt er: „Nichts war wirklich, nur er selbst." (S. 182)

12. Kapitel

Lucille ist zurück

Zurück aus Indonesien, meldet sich Lucille bei Blaser und gibt ihm den Namen des gesuchten Jaguar-Fahrers bekannt. Blank lässt sich einen ganzen Monat kaum in der Kanzlei blicken und treibt sich stattdessen im Wald herum. Ott ärgert sich darüber, weil er Blank doch dafür bestrafen will, dass er sich in ihm getäuscht hat, und nur deshalb der Kanzlei all seine Mandate übertragen hat. Aber Blank entzieht sich ihm. „Wie ein Wild, das merkt, dass die Jagd auf es eröffnet ist." (S. 186)

Blank meist im Wald

Wenger macht sich Sorgen

Auch Wenger macht sich über Blank Gedanken, der „sich in so kurzer Zeit so radikal" verändert hat: „Aus dem charmanten, ausgeglichenen und amüsanten Weltmann" ist „ein ruppiger, launischer und wortkarger Eigenbrötler geworden", der sich nur noch für zwei Themen interessiert: „Urs Blank und der Wald. Was langsam ein und dasselbe" wird (alle S. 186). Blank hat stark abgenommen und vernachlässigt seine äußere Erscheinung. Auch zeigt er im Gegensatz zu früher immer wieder Ansätze von Rücksichtslosigkeit. Eines Mittwochs teilt er Wenger mit, dass Lucille wieder zurück sei und er beabsichtige, sie zu besuchen.

Mordversuch aus Eifersucht

Blank überrascht Lucille im Schlafrock, merkt, dass sie nicht allein ist, und stürmt in ihr Zimmer, wo Arshad, ihr Stellvertreter am Flohmarktstand, auf Lucilles Matratze liegt. Sofort setzt Blank „ihm das Knie auf die Brust" und beginnt, „ihm die Kehle zuzudrücken" (S. 189). Lucille schreit und schlägt Blank eine Bratpfanne auf den Kopf, sodass er von Arshad ablässt, der sich daraufhin ins Nebenzimmer flüchtet und abschließt. Lucille beschuldigt Blank, Joes Haus angezündet zu haben, weshalb ihn die Polizei suche, sowie ihre Katze getötet zu haben. Blank geht mit blutendem Kopf.

Von da an bleibt er verschwunden. Lucille weiß dies von Wenger und teilt es dem Polizisten Rolf Blaser mit. In den folgenden Tagen wüten orkanartige Stürme, sodass es zu Überschwemmungen und Schlammlawinen kommt. Nachdem sich das Wetter wieder etwas beruhigt hat, wird Blanks schwarzer Range Rover gefunden, auf dem Dach zwei umgestürzte Tannen, das Innere des Wagens mit Schutt, Schlamm, Kies und Ästen gefüllt. Neben einer Survival-Ausrüstung findet die Polizei Blanks Pass, eine Brieftasche mit dreitausend Franken, Kreditkarten, Führerschein und einen aufgequollenen Briefumschlag, der ein mit Tinte geschriebenes Blatt enthält. Die wenigen noch lesbaren Wörter deuten auf einen Abschiedsbrief und damit auf Suizid hin.

Suizid?

13. Kapitel

Vorsorge und Selbstschutz

Der im Rückblick geschilderte „Abgang" von Blank in den Wald hat sich „zwar spontan, aber genau durchdacht" (S. 206) vollzogen. Blank weiß, dass vom Gründelsee erzählt wird, dass er seine Ertrunkenen behält. Im Auto lässt Blank die überflüssigen Gegenstände seiner Survival-Ausrüstung mit einem Abschiedsbrief zurück, der ein lückenhaftes Geständnis und die Bitte um Vergebung enthält. Er hinterlässt ein Konto mit drei Millionen Franken, behält aber die Kreditkarte eines Kontos in Irland über 100.000 Franken. Auch den Zweitschlüssel zur Kanzlei behält er. Er lebt von dem, was der Wald ihm an Pflanzen, Früchten und Tieren bietet. So jagt er Kaninchen, obwohl er als Kind kein Blut sehen konnte und „jahrelang kein Fleisch aß, nachdem er (...) Zeuge einer Hausschlachtung geworden war." (S. 208) Jetzt wird er sich dieser „Gefühlskälte", die er der Wirkung des Bläulings zuschreibt, „mit Interesse" bewusst und ist froh, dass „sie sich nicht gegen seine Mitmenschen richten und ihn Dinge tun lassen" kann, „die er nachher mit Anfällen von Gewissensbissen" (S. 208) bezahlt. Seine Schuldgefühle lassen im Wald, wo er sich nun schon einen Monat lang aufhält, immer mehr nach.

14. Kapitel

Veränderungen in der Welt der anderen

Die Fusion der CONFED mit BRITISH LIFE, SECURITÉ DU NORD und HANSA ALLGEMEINE wird vollzogen, dabei kommt es bereits im Vorfeld zu verdächtigen Bewegungen der jeweiligen Aktienkurse. Lucille hat sich inzwischen von Arshad getrennt und sich auch der Sandelholzräucherstäbchen entledigt, weil diese sie an Blank erinnern. Evelyne lässt sich von ihrem Anwalt trösten. Wenger fragt sich, ob er wirklich alles getan hat, um seinem Freund zu helfen.

Täglicher Überlebenskampf

Im Wald ist Blank den ganzen Tag mit der Sicherung seines Überlebens beschäftigt, „damit die Zeit, die er vor dem Einschlafen mit dem Verscheuchen von Gedanken zubringen“ muss, „möglichst kurz“ (S. 213) ist. Um Fett, Mehl und Zucker einzukaufen, sucht er in der Ortschaft Rimmeln eine Molkerei auf. Vor dem Geschäft erwidert er den Gruß eines etwa 50-jährigen Mannes, was Blank das Gefühl gibt, „einen Fehler gemacht zu haben.“ (S. 216)

Bald stellt er fest, dass die Jagdsaison begonnen hat. Fast jeden Tag hört er Schüsse und Hunde. Blank fühlt sich bedroht, weil die Jäger in sein „Universum“ eindringen, „das nur aus ihm“ besteht. Sie bedeuten „eine Gefahr für die dünne Hülle, die die Welt und ihn selbst vor ihm“ (S. 219) schützt. Deswegen hasst er die Jäger zunehmend. Dann „erwischt“ er einen von ihnen: An einem Steinpilzplatz sind die Pilze weg. Er sieht einen Jäger mit einem Hund. Sofort befiehlt er dem Mann, die Pilze herauszugeben, und führt den verdutzten Jagdanfänger namens Lorenzo Brunner zu einer Felskante und stößt ihn hinunter. Darauf kehrt er zu seinem Lager zurück und wartet auf die Schuldgefühle. Sie kommen in Wellen: Zuerst weigert er sich, die Tat zu akzeptieren, und versucht, sie zu verleugnen. Dann setzt er sich mit der Tat auseinander und erinnert sich an den erstaunten Schrei, mit dem der Mann hinabstürzte, und an den wartenden Hund. Schließlich setzt die Depression ein, der sich Blank so lange ergibt, bis wieder seine „Einsicht“ (S. 222), dass nichts außer ihm selbst zähle, dominiert.

Mord an einem Jäger

Blank verarbeitet den Mord

Die Maus und ihre Totengräber

Während des Liegens hört er das Rascheln einer Haselmaus, erblickt sie, schlägt sie tot und wirft sie aus dem Zelt. Aus seinem Halbschlaf weckt ihn ein Zirpen: Zwei schwarze Käfer, sogenannte „Totengräber“, scharren in der Erde unter der Maus. Blank stellt sich vor, er sei es, der verscharrt wird, und identifiziert sich mit der Maus, bis er wieder das Gefühl bekommt, er werde Teil des Waldes. Während er darauf wartet, dass die Schuldgefühle nachlassen, weiß er, dass „es wieder passieren“ wird, wenn ihn jemand „in seinem Versteck vor sich selbst“ (S. 224) aufstöbern wird. Er sieht ein, dass der Wald ihn nicht mehr zu dem machen kann, „der er früher war. Er konnte ihm nur helfen, den, der er geworden war, zu ertragen." (S. 225)

15. Kapitel

Ende September begibt sich Blank unter falschem Namen zur Übernachtung in eine Jugendherberge. Am Nachmittag kauft er sich gepflegte Kleidung. Darin begibt er sich nachts mit dem Schlüssel, den er noch besitzt, in die Kanzlei. Sein Büro hat inzwischen Gerber übernommen. Der Computer ist noch derselbe, und Blank kommt dank seines „hot keys" an alle Daten. Im Internet recherchiert er mit den Angaben Joe Gassers nach „Bläuling" und „Psilocybin". Als er das gefundene Material ausdruckt, entdeckt er einen ihm unbekannten Ordner mit dem Titel „Diesunddas". Er enthält Korrespondenz und Verträge zur Gründung der Gesellschaft EXTERNAG mit einer Mehrheitsbeteiligung an BONOTRUST und UNIFONDA, unterschrieben von Geiger, von Berg, Minder, Huwyler, Ott und Gerber. Aus einer Zeitungsnotiz kann Blank am nächsten Tag schließen, dass seine ehemaligen Partner dank dieser Fusion und ihren Aktienkäufen zusammen einen Gewinn von 400 Millionen Dollar erzielten.

Eine Internetrecherche

Ein mysteriöser Ordner

Das Studium der ausgedruckten Informationen aus dem Internet ergibt dreierlei: Die Pilztripberichte zeigen erstens, dass die Erlebnisse anderer Konsumenten einander ähneln und sie sich auch mit Blanks Erfahrung *während* des Trips vergleichen lassen. Aber nirgends findet Blank eine *Nach*wirkung, wie er sie erlebt hat, erwähnt. Zweitens stößt er auf die wiederholte Warnung vor dem Stoff MAOH, weil dieser den Drogenabbau behindere und die Wirkung von Psilocybin im Hirn verstärke. Und drittens findet er den Namen eines sehr seltenen psychoaktiven Pilzes, der MAOH enthält: *conocybe caesia,* der zur Familie der Samthäubchen gehört. Mit diesen Er-

Ergebnisse der Recherchen

Die Familie der Samthäubchen

gebnissen ausgerüstet, zieht sich Blank wieder um, wirft die Kleider in einen Container und wandert zurück in den Wald.

16. Kapitel

Fenners Verdacht

Der Mann, der Blank nach seinem Einkauf in der Molkerei gegrüßt hat, heißt Fritz Fenner. Er kennt den Wald und auch einige nur ihm bekannte Verstecke darin. Er hat festgestellt, dass eines offenbar bewohnt ist, und verdächtigt den Mann mit dem Rucksack, darin zu leben, behält sich aber eine Anzeige bei der Polizei vorerst noch vor, obwohl er in dem Fremden einen Verbrecher vermutet. Zurück in seinem Lager, schlägt Blank *conocybe caesia* im Pilzatlas nach und erfährt, dass *caesius* „selten" und *conocybe* „blaugrau" bedeutet und dass der Pilz vor allem unter Eiben wächst, zuerst safrangelb leuchtet und erst nach dem Pflücken die bläuliche Farbe annimmt. Also macht er sich auf die Suche danach.

Gerber entdeckt an seinem Computer, dass ihn jemand benutzt hat, zuletzt den Ordner „Diesunddas" und eine große Menge Internetseiten zum Thema psychodelische Pilze geöffnet hat. Da aber der Unbekannte einen Schlüssel gehabt haben muss, kommen Gerber und seine Sekretärin bald auf Blank als den mutmaßlichen Täter. Gerber unterrichtet Ott, der davon abrät, die Polizei zu informieren.

Entdeckung des Lagers und die Tötung des Schäferhundes

Fenner hat doch noch die Polizei über das bewohnte Versteck unterrichtet. Die Polizei sucht mit einem Schäferhund das Lager im Wald auf und fahndet nach dem Bewohner. Blank kehrt von seiner Pilzpirsch zurück, riecht Zigarrenrauch und will zurück. Da hört er den Befehl „Stehenbleiben, Polizei!" (S. 248) und einen Hund bellen, verfertigt rasch aus einem Fichtenast einen Spieß und stößt ihn dem entgegenrennenden Hund in den Leib. Danach muss er fliehen. Die Polizei beschlagnahmt alles im Lager, darunter auch den Pilzatlas mit den handschriftlichen Notizen, z. B. „Pius Otts Scherzpilz!" oder die markierte Stelle des Safrangelben Samthäubchens.

Der Polizist Welti, der um seinen Schäferhund trauert, nimmt sich aus Rache der Suche nach dem Tiermörder besonders an. So besucht er Ott und will von ihm wissen, ob er die Handschrift im Pilzatlas kennt, wo sein Name vermerkt ist. Ott streitet das ab, aber sieht sich die anderen Notizen genau an. Danach recherchiert er, was die Begriffe „*conocybe caesia*" und „MAOH" bedeuten, und folgert daraus, dass Blank nach diesem Pilz sucht, warum weiß er allerdings nicht. In der Buchhandlung Harder fragt Welti nach den Namen all jener, die in letzter Zeit einen Pilzatlas gekauft haben. Blank marschiert währenddessen Richtung Rubliholz, um nach einem weiteren Exemplar des Bläulings zu suchen.

Ott weiß als einziger, wo Blank lebt: im Wald

Blank marschiert zum Rubliholz

17. Kapitel

Ott begibt sich auf die Jagd nach Blank. Zu finden hofft er ihn dort, wo der spezielle Pilz wächst. Zu diesem Zweck besucht Ott, sich als Wissenschaftler ausgebend, einen Pilzexperten und erkundigt sich nach *conocybe caesia.* Ott erfährt, dass das letzte Exemplar, das der Experte gesehen hat, aus dem Rubliholz stammte, und macht sich auf den Weg.

Ott jagt Blank

Die Polizei versucht, die Identität des geflüchteten Waldlagerbewohners festzustellen: Ist er wirklich mit dem verschwundenen Blank identisch? Zweitens soll er nach Möglichkeit gefunden werden. Und drittens muss geklärt werden, ob er etwas mit dem Tod Gassers und dem Brand von Gassers Gehöft zu tun hat. Schließlich hat die Polizei ein Pilzbuch aus dem Besitz Gassers im Waldversteck gefunden. Der Polizist Welti erfährt vom Buchhändler, dass ein Anwalt den Pilzatlas erstanden und mit Kreditkarte bezahlt hat, der aber später im Gründelsee ertrunken sei. Daraus ergibt sich auch für die Polizei, dass der gesuchte Waldmensch Blank heißt. Jetzt werden zum Beweis Fingerabdrücke vom Pilzatlas genommen und mit jenen am Computer und Drucker in der Kanzlei verglichen; sie

Die Polizei macht Fortschritte

stimmen überein. Durch die Auskünfte von Gerber und der Sekretärin bezüglich des Alters des Druckers merkt die Polizei auch, dass Blank nach seinem Verschwinden nochmals in der Kanzlei gewesen ist. Die Analyse der im Versteck gefundenen Pilze ergibt, dass sich darunter auch Drogenpilze befinden.

Von Wenger erfährt der Polizist Blaser, dass es sich bei den Notizen im Pilzatlas tatsächlich um Blanks Handschrift handelt, was Ott als Lügner entlarvt. Wenger erzählt Blaser auch die dazugehörige Geschichte zur Erklärung der Notiz „Pius Otts Scherzpilz!“. Durch die rote Unterstreichung von „MAOH“ wird Wenger seinerseits klar, dass der Totgeglaubte noch immer versucht, die Nachwirkung des Pilztrips rückgängig zu machen und also weiterhin gefährlich ist. Ott weiß inzwischen, dass die Polizei weiß, dass Blank noch lebt, und er sich also beeilen muss, will er seine ‚Beute‘ vorher zur Strecke bringen.

18. Kapitel

Unterdessen ist es Herbst. Da Blank nicht gesehen werden will, hat er nur eine ungefähre Vorstellung, wo er sich befindet, auf jeden Fall in der Nähe des Rubliholzes. Er hat eine Höhle entdeckt und unterhält eine Feuerstelle. Die Nahrungssuche bereitet ihm zu dieser Jahreszeit Mühe. Er fängt nur wenige Fische, der Wald gibt nicht mehr viel her. Pius Ott hat sich inzwischen in der Nähe einquartiert und beginnt damit, Blank systematisch zu suchen; Otts Dodge Adventure Pick-up fällt kurz darauf Blaser auf, der den Halter feststellen lässt.

Die Polizei hat ein Fahndungsbild von Blank hergestellt, wie er mittlerweile aussehen könnte, und möchte öffentlich nach dem Gesuchten fahnden. Doch Geiger und seine Partner verhindern das mit Hilfe ihrer Beziehungen zur Polizeispitze; die Chefs der Anwaltskanzlei vermuten, Blank habe sich heimlich Informationen über ihre verbotenen Aktiengeschäfte im Vorfeld der Huwyler-Fusion beschafft und führe etwas gegen sie im Schilde. Es gelingt der Kanzlei aber nur kurz, die Veröffentlichung zu verhindern, denn Blaser reicht Blanks Bild an ein Boulevardblatt weiter. Unter der Überschrift „Vorsicht, Waldmensch!“ erscheint ein Sensationsartikel mit der Bitte um sachdienliche Hinweise, der für Aufregung nicht nur bei Wenger, Evelyne und Lucille sorgt, sondern auch unter den Partnern der Anwaltskanzlei.

„Vorsicht, Waldmensch!“

Blank dringt auf der Suche nach Lebensmitteln in ein Bauernhaus ein. Während seiner Aktion sieht er eine Frau, eine alte Bäuerin; er bereitet sich schon darauf vor, sie zu erstechen, falls sie ihn entdeckt. Doch dies geschieht nicht, und Blank kann entkommen. Auf dem Rückweg begegnet er einem Mann, der ihn grüßt und ihm lange nachblickt. Er heißt Kunz, wie sich später herausstellt. In der Nähe seiner Höhle findet Blank einige essbare Pilze, von denen sich einer als das gesuchte Samthäubchen herausstellt.

Einbruch in ein Bauernhaus

Blank wird endlich fündig

Bei der Zeitungsredaktion gehen viele Hinweise ein, die alle an Blaser weitergegeben werden, darunter der von Kunz, der Blank identifizieren kann.

19. Kapitel

Ott sucht weiter mit seinen Hunden im Rubliholz nach Blank. Er fühlt sich in einer Art Trance und „weiß“ plötzlich: „Es ist hier, ganz in der Nähe.“ (S. 297) Kurz darauf entdeckt er eine Reuse im Bach und wenig später Blanks Höhle. Blank selbst befindet sich zur selben Zeit auf erfolgreicher Pilzsuche; er findet noch zwei Samthäubchen.

Ott findet Blanks Höhle

Blank findet weitere Bläulinge

Die Polizisten Blaser und Welti suchen mit einem neuen jungen Schäferhund vergeblich in der Gegend des abgebrannten Fichtenhofs von Gasser. Sie erhalten die Meldung, dass bei der Bauernfamilie Felder vom Schönacker eingebrochen worden ist, ihnen sind Lebensmittel aus der Vorratskammer abhandengekommen. Wie Kunz gibt auch die Bäuerin an, dass der Mann stark nach Feuer gerochen habe.

20. Kapitel

Der dritte Pilztrip

Blank wandert zur Lichtung des Fichtenhofs, den er abends erreicht. Nur noch die Schwitzhütte steht. Darin macht er ein Feuer und vollzieht das Ritual wie beim ersten Mal: Sauna, Bad im Naturbassin des Wasserfalls, Ankleiden, Pilze kauen; diesmal nimmt er entsprechend seines verminderten Körpergewichts zwei mittlere und drei kleine Zwergenmützchen sowie zwei winzige Bläulinge. Statt auf der Schellentrommel zu spielen, klopft er auf den Kochtopf. Sein Erleben ähnelt, was die Wahrnehmungsveränderungen betrifft, den zwei vorangegangenen Trips, mit zwei Unterschieden: Zwar verwandeln sich all seine Bezugspersonen zunächst wieder in Pflanzen, die seinem Diktat folgen und die er hätte auslöschen können. Doch sagt da plötzlich Wenger in Gestalt einer Tanne: „Du kannst den Kurs bestimmen." (S. 308) Und Blank tut es und verwandelt alle zurück. Sie werden „mit ihm Teil" (S. 309) des Universums.

Heilung

Die „Einsicht", die Illusion, dass es nichts außer ihm gibt, fehlt diesmal. Nach dem Trip erwacht Blank in seinem Schlafsack, isst etwas, wäscht sich, packt seinen Rucksack und wandert durch den frisch gefallenen Schnee zurück zu seiner Höhle.

Blank auf der Spur

Die Polizei hat unterdessen nachweisen können, dass Blank der Lebensmitteldieb im Bauernhof war. Am Morgen nach Blanks Trip hat sie erfahren, dass Fußspuren aus der Gegend des Fichtenhofs in Richtung Rubliholz zu sehen sind. Welti und Blaser nehmen mit dem Schäferhund die Spur auf. Am Waldrand sehen sie Otts Wagen stehen.

Blank kämpft mit Ott

Als Blank in der Nähe seiner Höhle ankommt, erkennt er an einem Kothaufen mit Toilettenpapier, dass er erwartet wird. Er klappt sein Jagdmesser auf und wartet beim Höhleneingang. Als

Ott aus der Höhle tritt, springt er ihn an. Ott lässt den Stutzen fallen und packt Blanks Hand mit dem Messer. Die beiden rollen miteinander den Hang hinunter, bis sich Otts Hand lockert und Blank die Hand wieder frei hat und damit die Gelegenheit, Ott zu erstechen. „*Never hesitate.*" (S. 314) Aber etwas hindert ihn daran zuzustoßen. Blank lässt Ott los, steht auf und steckt das Messer wieder weg. Ohne Gegenwehr lässt er sich von Ott erschießen: „Blank fühlte sich gut. / Auch noch, als ihn der Schuss traf." (S. 314) Ott vergräbt Blank und macht sich auf den Weg zu seinem Wagen. Dort läuft er Blaser und Welti in die Arme und wird verhaftet.

Otts Verhaftung

3.3 Aufbau

ZUSAMMEN-FASSUNG

- → Erzählzeit: ein halbes Jahr von März bis November
- → multiperspektivisches Erzählen
- → vier Handlungsstränge: Urs Blank, Pius Ott, Blanks Partner und ihre Fusionsaktivitäten, die Polizei
- → Haupt-Handlungsstrang (Blank) mit drei Höhepunkten (den drei Pilztrips) und dem Prozess der Persönlichkeitsveränderung des Protagonisten (einschließlich verschiedener Gewalttaten)
- → Nebenhandlungsstränge: z. B. Wenger, Evelyne, Lucille

Multiperspektivisches Erzählen

Wechselnde Schauplätze, multiperspektivisches Erzählen

Die Handlung des Romans umfasst zwanzig Kapitel unterschiedlicher Länge zwischen sieben Seiten (19. Kapitel) und fünfundzwanzig (2. Kapitel). Sie spielt im Zeitraum eines halben Jahres, von März bis November um das Jahr 2000.

Erzählt wird stets aus der Perspektive einer Figur, meist aus einer personalen Erzählperspektive (Innenperspektive), manchmal auch in neutraler Außensicht auf eine Figur. Dabei wechseln die Perspektiven der Figuren und die Schauplätze der Romanhandlung häufig und rasch wie im Film. So wird im ersten Kapitel zuerst der Protagonist Urs Blank als Wirtschaftsanwalt in der Gaststätte Waldruhe und danach auf dem Heimweg durch den Wald vorgestellt (vgl. S. 5–7). Gleich darauf befindet sich der Leser in „achttausend Metern Höhe“ in der Luft, wo er Pius Ott, den Antipoden Blanks, als Jäger kennen lernt (vgl. S. 8–10). Der häufige und rasche Perspektiv- und Schauplatzwechsel bildet ein wichtiges Mittel zur Spannungserzeugung.

Suter erzählt zumeist aus der *personalen Perspektive* der jeweiligen Person mit mehr oder weniger Distanz, d. h., die dargestellte Wirklichkeit spiegelt sich im Bewusstsein der Figur. Die größte Nähe zeigt sich natürlich zum Protagonisten Urs Blank, der sowohl von innen als auch von außen gezeigt wird. Das zeigt schon der erste Satz des Buches: „‚Kein Problem', antwortete Urs Blank freundlich und stellte sich vor, wie er Dr. Fluri ohrfeigte, ‚dazu bin ich schließlich da.'" (S. 5) Nach außen verhält er sich korrekt und zuvorkommend, in seinem Innern aber fühlt er ein ganz anderes aggressives Bedürfnis. Zur personalen Erzählperspektive gehört auch die *erlebte Rede*, eine Form zwischen direkter und indirekter Rede, die innere Vorgänge aus der Perspektive der Figur im Indikativ der dritten Person und meist im (epischen) Präteritum wiedergibt. Diese Nähe in der personalen Erzählperspektive führt beim Leser zu intensiver Empathie und Sympathie in Bezug auf den Protagonisten. So fragt sich Blank nach dem ersten Pilztrip:

Personale Erzählperspektive

Erlebte Rede

> „Was war passiert? Er hatte – Idiot, der er war! – einen psychedelischen Trip unternommen und Dinge gesehen und erlebt, die es nicht gibt. Das ist der Sinn von psychedelischen Trips. Eine Reise in die Unwirklichkeit. Jetzt war er wieder zurück in der Wirklichkeit. So war es. Nicht umgekehrt. / Das sagte er sich immer wieder." (S. 85)

Hinzu kommt fast zwangsläufig auch die *neutrale Erzählperspektive*, wo der individuelle Blickwinkel oder die Optik der Figur keine Rolle spielt bzw. fehlt. Beispiel: „Die Zeitungen brachten eine kleine Meldung von einem tödlichen Unfall. Der Fahrer eines Coupés war oberhalb von Neuwald mit einem korrekt entgegenkommenden Fahrzeug kollidiert (...)" (S. 103).

Neutrale Erzählperspektive

Handlungsstränge

Haupt-Handlungsstrang mit drei Höhepunkten: Urs Blank

Durch diese mehrperspektivische Erzählweise ergeben sich **verschiedene Handlungsstränge**. Der wichtigste betrifft die Hauptfigur Urs Blank. Die Höhepunkte dieses Stranges bilden die drei Pilztrips. Nach dem ersten Trip beginnt jener Prozess, der zu einer radikalen Persönlichkeitsveränderung Blanks führt und in der Folge zu diversen Gewalttaten, dem Studium des Waldes mit der Suche nach dem psychodelischen Pilz und der Schilderung von Blanks Einsiedlerleben im Wald. Nach dem dritten Trip erfolgt der spektakuläre Schluss und Showdown, bei dem sich Blank von Ott freiwillig erschießen lässt.

Die Haupthandlung um den Protagonisten Urs Blank

	ORT	HANDLUNG
Kap. 1–3 **Exposition**	Stadt: gemeinsame Wohnung mit Evelyne, später Hotelsuite	Blank will sein Leben verändern und verliebt sich in Lucille.
Kap. 4 **1. Höhepunkt: Pilztrip 1 („Bläuling“)**	Wald	„Einsicht“: Es gibt nur *eine* Wirklichkeit: Urs Blanks Subjektivität.
Kap. 5–6	Stadt	Folgen: Apathie, Gewissensverlust und spontane Aggression, Gewalttaten (Tötung der Katze, Verursachung eines Autounfalls mit zwei Toten). Wenger rät zur Wiederholung des Pilztrips.
Kap. 7 **2. Höhepunkt: Pilztrip 2**	Wald	Blank erlebt (unter Anleitung Wengers) eine ganz andere – beglückende, bewusstseinserweiternde – Drogenerfahrung.

	ORT	HANDLUNG
Kap. 8	Stadt	Blanks Gewissen meldet sich zurück, aber verspätet (retardiertes Gewissen), Gewalttaten: Blank würgt einen Journalisten und überfährt einen Räuber.
Kap. 9–10	Im Hotel Eschengut und Eschenwald	Blank studiert den Wald, erpresst und misshandelt Joe, erteilt Ott für seinen Scherzpilz einen Faustschlag und vertreibt Evelyne brutal.
Kap. 11–13	Im Hotel Stadtwald	Nach dem Mordversuch an Arshad täuscht Blank einen Suizid vor und zieht sich endgültig in den Wald zurück.
Kap. 14–19	Im Wald	Blank stößt einen Jäger vom Felsen, erschlägt eine Maus und tötet den Schäferhund des Polizisten.
Kap. 20 3. Höhepunkt: Pilztrip 3 (wieder „Bläuling") und Showdown	Im Wald	Blank erlebt die andern und sich selbst wieder als gleichberechtigte Teile des Universums. Als Geheilter lässt er sich von Ott erschießen.

Der zweite wichtige Handlungsstrang betrifft den Investor Pius Ott, der meist neutral von außen und oft isoliert von allen andern Personen gezeigt wird. Im 2. und 10. Kapitel trifft er mit Blank folgenschwer zusammen. Mit diesem zweiten Strang eng zusammen hängt der (dritte) Handlungsstrang um Blanks Partner und die beiden bedeutenden Unternehmensfusionen, der im Folgenden ebenfalls schematisch dargestellt wird. Im 2. Kapitel unterzeichnet Fluri den Fusions- bzw. Übernahmevertrag samt der Haftungsklausel. Seine ELEGANTSA wird von CHARADE übernommen, hinter der Pius Ott steht. Im 8. Kapitel erfährt man, dass sich Fluri, nach-

2. Handlungsstrang: Ott

3. Handlungsstrang: Blanks Partner und ihre Fusionsaktivitäten

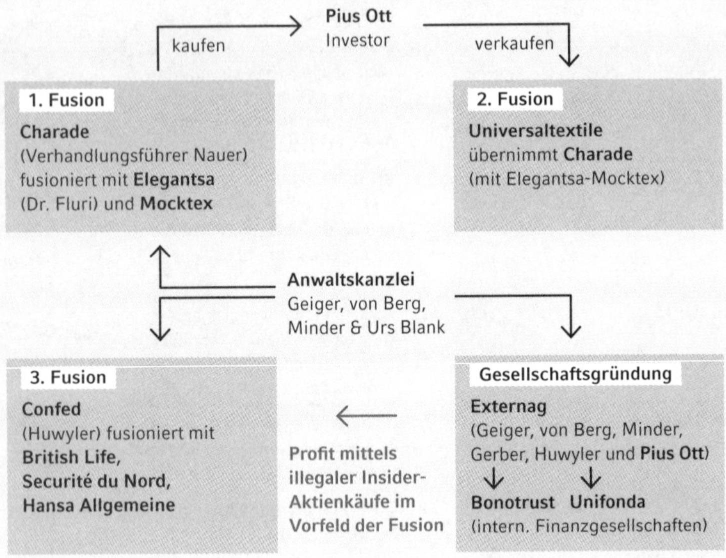

dem er von Ott ruiniert worden ist, das Leben genommen hat. Im 14. Kapitel ist die von Huwyler geplante Fusion seiner CONFED mit BRITISH LIFE, SECURITÉ DU NORD und HANSA ALLGEMEINE schon vollzogen. Und im 15. Kapitel liest Blank im Computer der Kanzlei von der verdächtigen Gesellschaftsgründung der EXTERNAG, die seinen Berufskollegen und Pius Ott mit illegalen (Insider-) Aktienkäufen im Vorfeld der Fusion zu einem Börsengewinn von 400 Millionen Dollar verholfen hat (vgl. S. 231, 235).

Fusionstätigkeiten und Insidergeschäfte

4. Handlungsstrang: Polizei

Die Polizei und ihre Ermittlungen verkörpern schließlich den vierten Handlungsstrang, den eigentlich kriminalistischen. Die Ermittler tauchen erstmals im 9. Kapitel und nur am Rande auf, als Blaser zu der Brandstelle des Fichtenhofs beordert wird und Joe Gassers Leiche findet. Erst im 16. Kapitel greift die Polizei direkt in die Handlung ein, als sie Blanks Waldlager auf den Hinweis von Fenner hin aufspürt und anfängt, systematisch nach dem verschwundenen Erfolgsanwalt zu suchen. Bis zum Romanende spielt sie mit ihren Nachforschungen eine immer bedeutendere Rolle, die am Schluss in der Verhaftung Pius Otts gipfelt.

Alle andern Personenperspektiven bzw. Handlungsstränge (z. B. die Wengers, Evelynes oder Lucilles) ergänzen und relativieren die Haupthandlung um Urs Blank.

3.4 Personenkonstellation und Charakteristiken

ZUSAMMEN-FASSUNG

Urs Blank: mittelgroß, braune Haare

→ 45-jähriger, erfolgreicher Wirtschaftsanwalt,
→ vor dem Pilztrip: gepflegt, geschäftstüchtig, diplomatisch, vielseitig interessiert, emotional kontrolliert,
→ nach dem Trip: verwahrlost, geschäftlich desinteressiert, einseitig interessiert (Thema Wald), launisch, rücksichtslos, aggressiv, gewalttätig,
→ „Erkenntnis“, dass allein er selbst existiert.

Pius Ott:

→ 63-jähriger erfolgreicher Spekulant und leidenschaftlicher Jäger,
→ genießt die Macht über Leben und Tod,
→ rachsüchtig, skrupellos und profitgierig.
→ körperlich fit, trainiert,

Alfred Wenger:

→ etwas jünger als sein Freund Blank,
→ kompetenter Psychiater,
→ loyal, integer, hilfsbereit.

Evelyne Vogt:

→ 38-jährige Geschäftsfrau,
→ unabhängig, selbstständig, emotional kontrolliert,
→ realistische Lebenseinstellung.

Lucille Roth:
→ 26-jähriges Hippiemädchen,
→ drogenerfahren und tierliebend, natürlich und neugierig,
→ selbstbewusst und unabhängig,
→ geht mit Männern unkompliziert und rigoros um.

Urs Blank

Blank vor und nach dem Pilztrip

Bei der Charakterisierung des Protagonisten muss man unterscheiden zwischen dem Menschen, der Urs Blank vor dem Pilztrip ist, und dem nach seiner Drogenerfahrung, die ja eine fundamentale **Persönlichkeitsveränderung** in Gang setzt.

Eleganz und gepflegte Erscheinung

Von seiner sozialen Herkunft erfährt man nur, dass sich seine Eltern scheiden ließen, als er sechs Jahre alt war (vgl. S. 90). Im ersten Teil des Romans verrät sein ganzes Äußeres den erfolgreichen Wirtschaftsanwalt: Blank trägt **englische Maßanzüge** und **maßgefertigte Schuhe** aus London (vgl. S. 6 f.). Er fährt einen schwarzen Jaguar. Er geht zweimal im Monat zum Friseur, und seine Erscheinung ist „mittelgroß und trotz Disziplin und eigenem Fitnessraum etwas weich in den Konturen." (S. 19) Nach dem Trip macht seine Eleganz „einer Nachlässigkeit Platz", wie sein Freund Wenger konstatiert: „Er hatte beinahe acht Kilo abgenommen und trug Hosenträger, die seine zu weit gewordenen Hemdkragen mal nach links, mal nach rechts zerrten." (S. 187) Nach dem Lebensmitteldiebstahl im Bauernhaus kurz vor Romanende ist Blank noch dünner geworden, Haare und Bart sind wild gewachsen. Kunz beschreibt Blanks Erscheinung so:

> „Er habe zwar einen Rucksack getragen und sei auch sonst gekleidet gewesen wie ein Tourist. Aber Rucksack und Kleider seien

> schmutzig gewesen. (…) Und gestunken habe er wie jemand, der neben dem Feuer schläft.“ (S. 294 f.)

Mit Fleiß, Talent und Disziplin nach oben

Blank hat sich als Anwalt mit viel Fleiß, Talent und Disziplin hochgearbeitet „und jahrelang bei Geiger, von Berg & Minder die Knochenarbeit gemacht, bis sie seinen Namen endlich in den Briefkopf aufnahmen.“ (S. 5) Dass letzteres überhaupt geschah, hat er seinem Gönner Huwyler zu verdanken (S. 27).

> Zu Beginn der Romanhandlung gilt Blank „in Fachkreisen als einer der brillantesten Wirtschaftsanwälte des Landes. Seine amerikanische Zulassung hatte ihn zum Experten für Firmenübernahmen und Fusionen mit schweizerisch-amerikanischer Beteiligung werden lassen. (…) Er verdiente viel Geld, und weil er wenig Zeit hatte, es auszugeben, war ihm einiges davon geblieben. Er hatte eine zum Glück kinderlos gebliebene Ehe mit Anstand hinter sich gebracht und lebte mit Evelyne Vogt zusammen, einer unabhängigen Frau (…).“ (S. 7)

Jetzt, auf dem Höhepunkt seiner Karriere, merkt er: „Vielleicht sollte er (…) ein paar Dinge in seinem Leben ändern.“ (S. 17) Damit beginnt seine **Midlife-Crisis** (vgl. dazu S. 83 f. dieser Erläuterung).

Kommunikationsverhalten: von Gewandtheit bis Rücksichtslosigkeit

Sein Freund Wenger beschreibt Blank vor dem Trip als „charmanten, ausgeglichenen und amüsanten Weltmann“, mit dem man sich „über alles unterhalten“ kann. „Er war nicht nur ein guter Erzähler, er war ein fast noch besserer Zuhörer.“ (alle S. 186) Geschäftlich ist Blank zuvorkommend, das zeigt schon der erste Satz des Buches: „Kein Problem, (…) dazu bin ich schließlich da.“ (S. 5) Die **Rolle des Moderators in Fusionsverhandlungen** beherrscht er „mit viel Eleganz und Diplomatie“ (S. 88). Ott allerdings sieht noch etwas anderes in Blank: Ihm gefällt der Mann wegen seines „Killerinstinkts" (S. 43).

Nach dem Trip verändert sich Blank: Er wird „ein ruppiger, launischer und wortkarger Eigenbrötler" (S. 186) und zeigt sich gegen andere Menschen immer **rücksichtsloser**. Er beleidigt seine Geschäftspartner und wird zunehmend **aggressiv**, bis hin zu Gewalttaten und Morden.

Bedürfnis nach dem Andersartigen und nach Veränderung

Zu Beginn des Romans verspürt Blank ein Bedürfnis nach Veränderung seines Lebens verbunden mit einem **Unbehagen an den Rollenzwängen seiner Anwaltstätigkeit**. Sichtbar wird dieses Bedürfnis erstmals, als sich der Protagonist im 1. Kapitel entschließt, nicht mit dem Taxi heimzufahren, sondern zu Fuß durch den Wald zur Tramstation zu gehen (vgl. S. 6). Er genießt dabei sogar den Gedanken, was dies „mit seinen Schuhen anrichtete" (S. 7), dass es sie nämlich völlig verdreckt. Aus demselben Motiv heraus, dem **Bedürfnis nach einem anderen, natürlicheren, freieren, von sozialen Zwängen befreiten Leben**, gerät er an das Hippiemädchen Lucille, derentwegen er seine Beziehung mit Evelyne aufs Spiel setzt. Dieses Andersartige, das ihn anzieht, erklärt er Evelyne bei seinem Rausschmiss: „Und mir wurde auf einmal klar, dass ich vergessen hatte, dass so nahe der Stadt eine ganz andere Welt liegt. Mit anderen Gesetzen, anderen Prioritäten, eine Welt, die mit der unseren nicht das Geringste zu tun hat." (S. 54) Blank scheint seiner gewohnten Geschäftswelt überdrüssig zu sein. Durch Lucille fühlt sich Blank „tiefgreifend" verändert und „voller Tatendrang": „Er stand im Begriff, ein anderer Mensch zu werden" (S. 49). Blank lässt sich von Lucille sogar zum Konsum psychedelischer Pilze verführen. Während es zunächst scheint, als könnte Blank die beiden Welten miteinander kombinieren, beginnt das Bedürfnis nach der „anderen Welt" nach seinem ersten Trip immer mehr zu dominieren. Blank vernachlässigt seine Arbeit und lebt nach dem Verlust

Lucille als Verführerin zu einer anderen Welt

Auslöschung seiner bisherigen bürgerlichen Identität

von Lucille vorwiegend und hernach ausschließlich im Wald. Mit seinem vorgetäuschten Suizid löscht er seine bisherige bürgerliche Identität aus, um nur noch in der anderen Welt zu leben.

Als Blank sich nach dem ersten Pilztrip nachträglich über seine verbale Aggression gegenüber Gerber wundert, erinnert er sich an die Anfälle von Jähzorn, die er als kleiner Junge hatte:

Unterdrückte Aggressionen seit der Kindheit

> „Es war vorgekommen, dass er mit der bloßen Faust eine Scheibe eingeschlagen oder die Füllung einer Schranktür eingetreten hatte. Aber schon damals schämte er sich für diese Ausbrüche und versuchte sich zu zügeln.“ (S. 89 f.)

Im Vorschulalter musste Urs Blank erleben, wie sein Vater vor der Scheidung seine Mutter schlug:

> „Von daher stammte seine tiefe Abscheu gegen jede Form von Gewalt, die er auch die gewalttätigen unter seinen Schulkameraden spüren ließ. Seine Gewaltfreiheit machte ihn zum bevorzugten Opfer von Schulhofschlägereien. Er war ein kräftiger Junge, und die anderen hatten bald herausgefunden, dass es bei ihm einen Punkt gab, an dem er zurückschlug und zu einem gefährlichen, unberechenbaren Gegner wurde. Es war eine beliebte Mutprobe, Urs bis zu diesem Punkt zu treiben. / Das wurde schwieriger, je älter er wurde. Es gelang ihm immer besser, die Wut in seinem Innern zu behalten. Wenn er ihr erlaubte auszubrechen, dann nur in Form von Gedanken und Phantasien.“ (S. 90)

Als Kind konnte er auch kein Blut sehen „und aß jahrelang kein Fleisch, nachdem er (...) auf einem Bauernhof Zeuge einer Hausschlachtung geworden war.“ (S. 208) Seine **frühe Abneigung ge-**

gen Gewalt ging so weit, dass er sich sogar für den waffenfreien Sanitätsdienst entschied, obwohl das ein „grober Schönheitsfehler im Curriculum eines Wirtschaftsanwalts war." (S. 91) Nach dem ersten Pilztrip verliert Blank aber nicht nur die Kontrolle über seine Aggression, sondern ihm ist diese **Enthemmung** auch gleichgültig: „Was ihn jetzt beunruhigte, war weniger, dass er die Kontrolle über das längst domestizierte Tier in ihm zu verlieren schien, als die Tatsache, dass es ihm egal war." (S. 91) Seinem Freund Wenger gegenüber formuliert er es so: „Ich folge jedem Impuls. Es gibt keine Hemmschwelle." (S. 107)

„Es gibt keine Hemmschwelle"

Nach dem zweiten Trip unter psychiatrischer Aufsicht hat sich Blanks psychische Situation insofern verändert, als sein Gewissen wieder einsetzt, aber zu spät, d. h., es vermag einen aggressiven Impuls nicht zu hemmen oder seinen Ausbruch zu verhindern, sondern es quittiert eine Gewalttat nur mit **nachträglichen Schuldgefühlen** (vgl. S. 123). Seine Gewaltbereitschaft bleibt, und entsprechend mehren sich Blanks Aggressivitäten, auch wenn er sie danach vorübergehend bereut. Erst ganz am Ende des Romans, nachdem er die Selbstheilung mittels eines dritten Pilztrips, diesmal wieder mit einem „Bläuling", geschafft hat, funktioniert sein Gewissen wieder normal: Er verzichtet darauf, Ott zu erstechen, obwohl er die Gelegenheit dazu hätte, lässt sich von seinem Feind erschießen und sühnt damit gewissermaßen seine Taten.

Rückkehr des Gewissens, aber nur nachträglich

Selbstheilung

Pius Ott

Der „risikofreudige() Investor" (S. 13) und **passionierte Jäger** Pius Ott ist trotz seiner 63 Jahre schlank und durchtrainiert. Einmal im Jahr gönnt er sich einen Aufenthalt in der Luxusklinik Eschengut für einen „Check-up, eine Entschlackung und eine Frischzellenkur", wonach er sich „immer verjüngt und unternehmungslustig" (S. 124) fühlt. Ott besitzt eine Villa mit eigenem Hallenbad und

Trotz seines Alters fit und vital

Gepflegter, reicher Einzelgänger

einen seltenen US-Wagen, einen Dodge Adventure Pick-up. Er ist „Multimillionär“ (S. 256) und lebt allein: „Erotik hatte in seinem Leben nie eine besondere Rolle gespielt. Sie beschränkte sich inzwischen auf sehr sporadische Begegnungen mit Frauen, denen es nichts ausmachte, sich für etwas Geld in ein paar Ketten legen zu lassen.“ (S. 13 f.)

Passionierter Jäger und Spekulant

Dafür bestimmt eine andere Leidenschaft sein Leben: die Jagd. **Er jagt Tiere, Menschen und Profit.** Schon Otts erste Szene zeigt ihn im eigenen Privatflugzeug in Erinnerungen an eine Luchsjagd in Estland schwelgend. Ott sammelt seltene **Trophäen**, mit denen er sein Haus und Schwimmbad ausstaffiert hat. Aus dem russischen Kirov stammt ein Wolfsschädel, den er sich bei einer Lappjagd geholt hat:

> „Die Lappjagd war eine Treibjagd mit an Schnüren aufgehängten Lappen. An einer Stelle ließ man eine Lücke frei als einzigen Ausweg für das Tier. Der Jäger stellte sich davor und wartete mit der Büchse im Anschlag. Das war zwar keine sehr sportliche Jagdmethode, aber Ott fand die Unausweichlichkeit der Situation erregend.“ (S. 104)

„Unausweichlichkeit des Schicksals“

In einer anderen Jagdszene verpasst Ott einem „Dreistangenbock“ einen Schuss, der das Tier aber nur schwer verletzt. Die sogenannte „Nachsuche“ kann Ott erst am folgenden Tag unternehmen: „Normalerweise liebte Ott die Nachsuche. Er verkörperte dann die Unausweichlichkeit des Schicksals. Es gab kein Entkommen vor ihm. Nur die Wahl zwischen schon gestorben sein oder noch getötet werden.“ (S. 254) Beim weidwunden Tier angelangt, gibt Ott ihm aber nicht den Gnaden- bzw. „Fangschuss“:

> „Er zog die persönlichere Methode vor. Er klappte das Jagdmesser auf, beugte sich zum Bock und stieß ihm die Klinge seitlich zwischen die Rippen auf die Lungen. / Er wartete, bis der Bock verendet war. Dann legte er ihn auf den Rücken und machte sich an die rote Arbeit." (S. 255)

Suche nach einem würdigen Gegner

Seine „wertvollste", wenn auch „keine besonders schöne Trophäe" ist ein Löwenschädel von einer Jagdsafari in Simbabwe in Afrika; der Löwe hatte schon drei Menschen getötet. „Es war seine aufregendste Jagd gewesen. Er hatte es mit einem Gegner zu tun, der ihm selbst gefährlich werden konnte. / Seither hatte er nie mehr einen solchen Gegner gehabt." (S. 243 f.)

Macht über Leben und Tod

Pius Ott weiß, dass er sich auf seinen **Jagdinstinkt** verlassen kann (S. 282). Wenn ihn das Jagdfieber gepackt hat und „er einem Wild schon lange auf den Fersen" ist, befindet er sich „in Trance" und *weiß* plötzlich: „Es ist hier, ganz in der Nähe." (S. 297) Auf Blanks Frage, warum er jage, entgegnet er: „Über Tod oder Leben bestimmen kommt dem Zustand der Unsterblichkeit sehr nahe." D. h., er fühlt sich geradezu Gott ähnlich. Aber er jagt im Wald auch, „um das Leben zu verlängern" (beide S. 154) – natürlich sein eigenes. Jagd macht Ott auch auf Menschen. Sein erstes Opfer im Roman ist Fluri. Ihn hasst Ott wegen einer „Militärgeschichte", die etwa 40 Jahre zurückliegt und die er ihm nie verziehen hat, so Dr. Geiger:

> „Ott verdiente seinen Leutnant ab, Fluri war sein Kompaniekommandant. Bei einer Schießübung wurde ein Waldarbeiter im Sperrgebiet tödlich verletzt. Ott war der verantwortliche Schießoffizier. Das Ende seiner militärischen Karriere. (...) Er bestand darauf, dass Fluri mit ein paar hohen inspizierenden Offizieren vor den Sperrzeiten geschossen habe. Eine Behauptung, die Fluri vehement bestritt." (S. 57)

Mit viel **Geduld**, auch einer „Jägertugend", wartet Ott jahrelang auf die Möglichkeit, sich an Fluri zu rächen. In Moskau holt sich Ott die Bestätigung darüber, dass Fluris Verluste viel höher sind als angegeben, sodass Ott seinen Gegner mittels der Haftungsklausel, die er mit Hilfe Blanks einfügen lässt, in den Ruin treiben kann. Dass sich Fluri erschießt, nimmt Ott mit Genugtuung zur Kenntnis.

Otts Beziehung zu Blank

Sein letztes Opfer ist Blank. Zwar gefällt ihm der Wirtschaftsanwalt am Anfang, weil Ott ihm „einen Teil dieses Erfolgs zu verdanken" (S. 43) hat. Für seine Hilfe bei der Haftungsklausel schenkt er Blank sogar zum Dank ein Jagdmesser mit den eingravierten Wörtern „*Never hesitate*". Ott vermutet eine Gemeinsamkeit mit sich selbst: „Ott arbeitete mit vielen Anwälten zusammen, aber bei keinem hatte er diesen Killerinstinkt entdeckt." (S. 43) Er glaubt, in Blank einen Seelenverwandten vor sich zu haben: „Wir haben dieselben Instinkte. Wir sind uns sehr ähnlich." (S. 155) Aber er täuscht sich: Als er Blank zu dem gemeinsamen Pilzessen Wein anbietet, obwohl er weiß, dass Tintlinge zusammen mit Alkohol zu schweren körperlichen Beeinträchtigungen führen, schlägt ihm Blank vor Wut die Faust ins Gesicht. „Sofort begann aus dessen rechtem Nasenloch Blut zu fließen. (…) Als Blank zum zweiten Schlag ausholte, hob Ott die rechte Hand. Er hatte ein Jagdmesser." (S. 155 f.) Von da an weiß er, „dass er Blank dafür bestrafen würde, dass er sich in ihm getäuscht hatte. Und er war sicher gewesen, dass er Blank von innen [aus dem Inneren der Kanzlei, R. H.] mehr schaden konnte als von außen." (S. 186) Deshalb knüpft Ott Kontakte zur Kanzlei Geiger, von Berg, Minder & Blank. Doch sein Opfer Blank entzieht sich zunächst. Als Ott weiß, dass Blank noch lebt, beginnt Ott, systematisch nach Blank zu suchen, mit dem Ziel, ihn zu liquidieren.

Never hesitate

Hass, Rachsucht und Skrupellosigkeit

Profitgier, Skrupellosigkeit und Cleverness

Die triebpsychologisch motivierte Menschenjagd auf Fluri und nachher auf Blank zeigt auch einen wirtschaftlichen Aspekt: Ott will finanziell profitieren: Zwar investiert er Geld in die CHARADE, damit diese Fluris ELEGANTSA übernehmen kann. Doch plant er langfristiger, wie Minder am Anfang des Romans in einer Kanzleisitzung informiert: „Er will die ELEGANTSA als Mitgift. CHARADE hat sich übernommen. In einem Jahr fällt sie ihm in den Schoß. In spätestens zwei verkauft er sie an UNIVERSAL TEXTILE." (S. 16) Durch Otts Wechsel zur Kanzlei Geiger, von Berg, Minder & Blank wird Ott ein noch viel größerer Coup möglich: „dank seinen besonderen Beziehungen zu Geiger [erreicht Ott] sogar eine Beteiligung an einem sehr vielversprechenden Börsengeschäft" (S. 185). Durch illegale Insidergeschäfte kommt Ott zusammen mit Geiger, von Berg, Minder, Huwyler und Gerber zu einem Börsengewinn von insgesamt 400 Millionen Dollar (vgl. S. 235).

Alfred Wenger

„Alfred war ein alter Schulfreund, der einzige, mit dem Blank über all die Jahre den Kontakt aufrechterhalten hatte. Sie hatten zusammen das Gymnasium und die Universität besucht." (S. 16) Wenger ist „etwas jünger als Blank, aber sein Haar war bereits in der Studienzeit grau geworden. Jetzt war es schlohweiß. Es fiel ihm bis auf die Schultern. Blank behauptete, dass Wenger seinem Haar mindestens fünfzig Prozent seines Erfolgs als Psychiater verdanke." (S. 19) Im Roman spielt Wenger die **Rolle eines wirklichen Freundes und sachkompetenten Psychiaters** und zeichnet sich durch seine **Loyalität** allen Bezugspersonen gegenüber aus. Er ist ein durch und durch integrer Charakter.

Sachkompetenz, Loyalität und Integrität

Als ihm Blank von seinem Pilztrip erzählt, diagnostiziert Wenger ihn zunächst als „Psilocybin-Trip der intensiveren Sorte" und fragt nach bekannten Nachwirkungen: „Stimmungsschwankungen? Euphorien? Depressionen?" (S. 106) Er interpretiert auch Blanks psychische Veränderung:

Guter Diagnostiker, Ratgeber und Helfer

> „Psilocybin verändert die Sinneswahrnehmungen, die zeitlichen und räumlichen Wahrnehmungen, den Bewusstseinszustand. Es vermittelt dir ein anderes Selbstgefühl. Das kann zu einer Veränderung im Verhalten, in den Werturteilen und in den persönlichen Eigenschaften führen. Du hast auf deinem Trip die Einsicht gewonnen, dass es nichts gibt außer dir selbst. Und dieser Erkenntnis entsprechend verhält sich dein Unterbewusstsein." (S. 107)

Wiederholen und Korrigieren

Wenger ist es auch, der Blank zur **Wiederholung des Trips** und Korrektur durch eine gezielte Richtungsänderung rät (vgl. S. 108) und ihn auf dieser „Reise" begleitet. Er bestätigt auch Blanks Verdacht, dass er beim ersten Trip einen Pilz mit einem andern Wirkstoff erwischt haben könnte (vgl. S. 146). Ebenso erfolgt die Waldtherapie im Eschengut auf Wengers Vorschlag hin (vgl. ebd.). Sogar Lucille und Arshad hilft der Psychiater. Doch obwohl er immer besorgter wird, als er von Blanks Verhalten gegen Evelyne und Arshad hört sowie vom Tod Joe Gassers, rät er Lucille und Arshad von einer Anzeige bei der Polizei ab. Lucille gegenüber wahrt Wenger auch sein **Arztgeheimnis** bezüglich Blanks Erkrankung. Wengers Identifizierung von Blanks Handschrift im Pilzatlas verdankt sich letztlich, dass die Polizei am Ende vor Ort ist und Ott nach vollbrachtem Mord direkt in ihre Hände läuft. Letztlich hat Wengers Rat, den Trip zu wiederholen und zu korrigieren, die Heilung Blanks am Schluss erst möglich gemacht.

Evelyne Vogt

Unabhängigkeit und Selbstständigkeit

Am Anfang des Romans lebt die 38-jährige Evelyne Vogt mit Urs Blank zusammen in einer gemeinsamen Wohnung. Sie ist eine „unabhängige() Frau, die einen Laden für Designmöbel aus den zwanziger und dreißiger Jahren besaß" (S. 7). Dieses Geschäft bedeutet ihr viel, weshalb sie wütend ist, als Blank einen ihrer Kunden beleidigt (vgl. S. 11).

Rationaler Umgang mit ihren Gefühlen

Als sich Blank in das Hippiemädchen Lucille verliebt, verletzt sie das sehr. Aber sie hat ihre Gefühle unter Kontrolle. Aufgrund früherer Erfahrungen macht sie Blank zunächst keine Szenen, sondern ignoriert die Affäre ganz bewusst. Wenger kommentiert das gegenüber Blank so: „Sie schließt die Augen und wartet, bis es vorbei ist." (S. 49) Da es aber nicht vorbeigeht, befolgt sie den Rat ihrer Freundin Ruth Zopp und wirft Urs Blank aus der Wohnung, um ihre Selbstachtung nicht zu verlieren (vgl. S. 53). Den Erklärungsversuch von Blank tut sie als „Kitsch" ab:

> „Hör mir auf mit deinen Welten. Du lebst in der gleichen Welt wie zuvor. Mit dem einzigen Unterschied, dass du jetzt eine junge Freundin hast. Wie jeder Spießer Mitte vierzig, der es sich leisten kann." (S. 54)

Gibt Blank nicht auf

Trotzdem gibt sie Blank noch nicht auf, obwohl sie unter der Trennung leidet. Sie ist es, die Urs noch einmal um ein gemeinsames Abendessen bittet und ihn (vergeblich) fragt, ob er eine Chance für einen Neuanfang sieht. Als er dann aber nach dem Besuch bei Joe Gasser in einer psychischen Krise Zuflucht bei ihr sucht, gewährt sie ihm diese dennoch großzügig. Auch ihr Besuch bei ihm im Eschenwald zeugt davon, dass sie Blank noch immer liebt und ihm helfen will. Dass Blank ihr mit einem Stein droht und sie mit den Worten „Hau ab! Hau ab!" und „Lauf! Lauf um dein Leben!" (S. 158 f.) vertreibt, bereitet ihr natürlich Angst. Sein vermeintlicher Suizid setzt der Beziehung für sie endlich emotional ein Ende. Sie findet Trost bei einem anderen Mann.

Lucille

Exotisches Aussehen, bescheidene Lebensweise

Das **26-jährige Hippiemädchen** Lucille (ihr vollständiger Name lautet Lucille Martha Roth, vgl. S. 183) fällt Blank zunächst wegen seines Aussehens auf: Lucille hat eine Überfülle schwarzer Locken und auffallend blassblaue Augen wie ein Husky, schmückt ihre Stirn mit einem indischen Kastenzeichen und trägt seidene asiatische Kleider (vgl. S. 18). Sie besitzt einen Flohmarktstand, wo sie indische Seidentücher, Räucherstäbchen, Duftfläschchen, Meditations-Accessoires und Marihuana-Pfeifen verkauft (vgl. S. 17 f.).

> „Lucille besaß den Stand schon seit drei Jahren. Sie hatte ihn von ihrem damaligen Freund übernommen. Mit ihm reiste sie zweimal im Jahr nach Indien und Indonesien und kaufte dort für ein halbes Jahr ein. Sie war dreiundzwanzig, als er beschloss, dort zu bleiben. Sie flog alleine zurück. (…) / Der Stand ermöglichte ihr, zu überleben und ab und zu nach Asien zu reisen, wo sie nach ihrer Überzeugung in einem früheren Leben gelebt haben musste.“ (S. 23)

Konsumiert Drogen

Natürlichkeit und Neugierde

Sie wohnt mit ihrer Freundin Pat und einer jungen Katze zusammen, die sie sehr liebt. In großer Selbstverständlichkeit raucht sie Joints und konsumiert psychodelische Pilze. Weil sie Gewaltanwendung an Tieren verabscheut, ernährt sie sich vegetarisch. In der Art junger Menschen wirkt sie vollkommen natürlich und unverblümt neugierig: Lucille ist der erste Mensch in Blanks Leben,

> „der fragte, wenn er etwas nicht verstand. Nie schien sie zu befürchten, sie könnte sich blamieren, wenn ihr eine Sache unbekannt, ein Wort oder ein Gedankengang fremd waren. Ihre Neugier und ihr Wissensdurst waren (…) entwaffnend (…). / Noch nie hatte Blank einen Menschen getroffen, der ihm so wenig

vormachte und der es so wenig verstanden hätte, wenn er ihm etwas vorgemacht hätte." (S. 45)

Selbstbewusstsein und Unabhängigkeit

Auch als Lucille Blanks Geliebte geworden ist, bleibt sie sich ihrer selbst und ihres sozialen Standes bewusst und demonstriert ihre Unabhängigkeit: „Von Anfang an bestand Lucille darauf, sich für jede Einladung mit einer Gegeneinladung zu revanchieren. Es ging ihr ums Prinzip. Es war ihre Art, ihre Unabhängigkeit zu wahren. Sie einigten sich darauf, sich gegenseitig an Orte ihrer Wahl und Möglichkeiten einzuladen." (S. 50) Sie lässt sich von Blanks luxuriösem Lebensstil nicht sonderlich beeindrucken. Als er ihr seine Suite im Hotel Imperial zeigt und ihr Champagner anbietet, will sie stattdessen lieber Wasser und zieht es vor, mit ihm in ihrer Wohnung zu schlafen (vgl. S. 59 f.). Als Blank sie nach dem zweiten Pilztrip immer mehr vernachlässigt und nach Joe Gassers Tod sogar für kurze Zeit zu Evelyne zurückkehrt, ist für sie die Beziehung zu Ende: „So viel zum Thema Blank" (S. 147), sagt sie zu ihrer Freundin. Beim einzigen Anruf vom Eschengut aus lässt sie ihm durch Pat ausrichten, „sie habe keine Lust, mit ihm zu sprechen", und sagt es ihm auch direkt: „Ja, ich kann dir das auch persönlich sagen." (S. 165)

Gefühl der Mitverantwortung

Obwohl sie sich ernsthaft um Urs Blank Sorgen macht und sich für seine Persönlichkeitsveränderung mitverantwortlich fühlt, weil sie ihn ja zu dem Pilztrip verführt hat, zieht sie sich doch von ihm zurück und verreist nach Indonesien, um sich die Trennung von ihm zu erleichtern (S. 166), wie sie Wenger mitteilt und dieser an Urs weitergibt. Nach ihrer Rückkehr lebt sie kurze Zeit mit Arshad zusammen, aber trennt sich auch von diesem Mann recht leicht:

> „Er hatte seinen gequetschten Kehlkopf und ihr schlechtes Gewissen schamlos ausgenützt. Drei Wochen war er ihr auf der

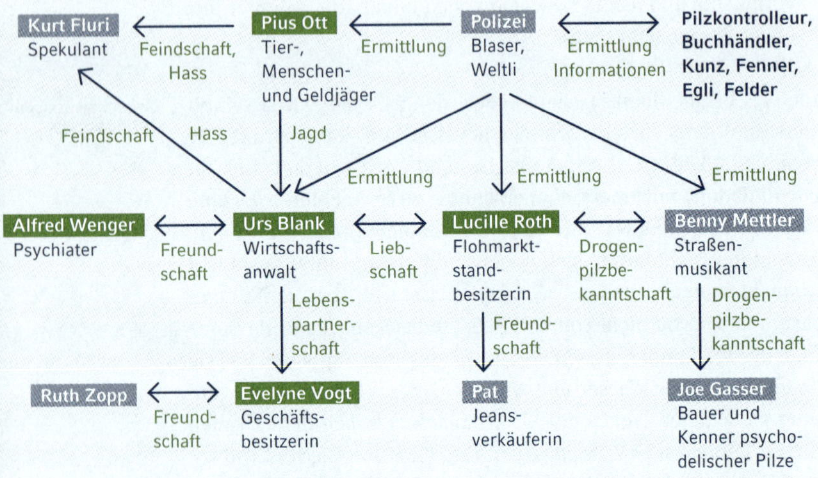

Tasche gelegen und auf die Nerven gegangen. Dann hatte sie ihn vor die Tür gesetzt. Und wo sie schon dabei war, hatte sie sich auch gleich der Sandelholzräucherstäbchen entledigt. Sie erinnerten sie an Urs Blank.“ (S. 211)

3.5 Sachliche und sprachliche Erläuterungen

Hippie-Kultur

Psychedelische Drogen

Lucille wird als Hippiemädchen beschrieben. Diese Bezeichnung verwendet im Roman Evelyne abschätzig gegenüber ihrer Freundin Ruth Zopp, die fragt, ob Blanks Freundin hübsch sei: „Wenn man junge Hippiemädchen hübsch findet." (S. 52) Die Hippie-Lebensform entstand um 1960 an der Westküste der USA als Gegenkultur zum kulturellen Mainstream. Sie war gegen autoritäre Gesellschaftsstrukturen sowie Konsum- und Leistungszwang gerichtet und propagierte Pazifismus (Engagement gegen den Vietnamkrieg), Toleranz und freie Liebe, wozu auch der Konsum von (bewusstseinserweiternden bzw. psychedelischen) Drogen wie Marihuana, LSD oder psychedelischen Pilzen gehörte. Viele Hippies interessierten sich für fernöstliches Gedankengut wie Hinduismus oder Buddhismus oder die Kultur der nordamerikanischen Indianer. Die Hoch-Zeit der Hippiekultur endete bereits um 1970, doch gibt es auch heute noch viele Menschen, die diese oder ähnliche alternative Lebensformen wählen, etwa in Verbindung mit Esoterik, New Age oder buddhistischer Philosophie.

Midlife-Crisis

Wunsch nach Veränderung

Schon im 2. Kapitel, wo Evelyne ihrer Freundin Ruth Zopp vom veränderten Verhalten ihres Lebenspartners berichtet – „Urs brennt Räucherstäbchen." (S. 26) –, vermutet diese bei Blank eine „Midlife-Crisis" (S. 27). Evelynes Freundin verwendet damit einen heute auch im Alltag verwendeten Begriff aus der Psychotherapie für eine häufig vorkommende Krise von Menschen in der Lebensmitte zwischen dem 40. und 50. Lebensjahr. Dabei wird das beruflich oder privat Erreichte hinterfragt und der Wunsch nach Veränderung und Neubeginn im Beruf und/oder in der Beziehung wach.

Luxusproblem?

„Die Midlife-Crisis ist tatsächlich eine gesellschaftliche Modeerscheinung. Es ist ein Luxusproblem, das vor allem die Mittel- und Oberschicht betrifft. Erst ab einem gewissen Bildungs- und Einkommensgrad hat man die Zeit, über so etwas überhaupt nachzudenken."[10]

Psilocybinhaltige Pilze

Das Thema der psychoaktiven Pilze durchzieht den ganzen Roman. Joe ist der erste, der diese Drogenpilze vorstellt: „Wie alles, was die Menschheit ein Stück weiterbringen würde, ist natürlich auch der Konsum von psilocybin- und psilozinhaltigen Pilzen bei uns verboten." (S. 64) Zu diesen Pilzen heißt es in Wikipedia:

Zauberpilze

„Psilocybinhaltige Pilze, auch als Zauberpilze, Magic Mushrooms oder halluzinogene Pilze bezeichnet, sind psychoaktive Pilze. Die in ihnen enthaltenen Stoffe Psilocybin und Psilocin wirken ähnlich wie die Droge LSD, sind jedoch von kürzerer Wirkdauer. (…) Ähnlich wie LSD wurden die Pilze innerhalb von alternativen Gesellschaftsgruppen konsumiert wie auch teilweise in Künstler- und Intellektuellenkreisen. (…) Der Konsum von Pilzen blieb immer ein gesellschaftliches Randphänomen wie auch die Einnahme bei den meisten Konsumenten auf einige Versuche beschränkt bleibt. Die größte Benutzergruppe stellen drogenerfahrene Personen dar. Auch für spirituelle und selbstfindende und/oder bewusstseinserweiternde Zwecke werden psilocybinhaltige Pilze konsumiert. (…)

Ähnlichkeit mit LSD

---

10 Peter Thiel im Interview mit Titus Arnu, in: *Süddeutsche Zeitung*, 19. Juli 2008, zitiert nach: http://www.dieterwunderlich.de/midlife_crisis.htm (Stand: November 2012).

Spitzkegeliger Kahlkopf (Psilocybe semilanceata), ein halluzinogener Pilz © ullstein bild – imagebroker.net/ Richard Becker/ FLPA

Die Wirkung der Pilze ähnelt jener von LSD, ist aber von kürzerer Dauer. Generell ist eine Veränderung der Wahrnehmung und des Bewusstseins zu beobachten. Wie bei vielen psychedelischen Drogen sind die Effekte sehr individuell und können bei unterschiedlichen Konsumenten unterschiedlichste Effekte hervorrufen. Verfassung des Konsumenten, Umgebung (…) sowie Dosis sind von entscheidender Bedeutung. (…) Halluzinationen werden oftmals mit Psychosen in Verbindung gebracht und gelten als Verkennung der Wirklichkeit, der Begriff psychedelisch ist dem Begriff psychotisch vom Wortstamm und Wortklang sehr ähnlich. (…) Betreffs des Sehsinns ist eine verstärkte Wahrnehmung von Farben und Kontrasten zu beobachten, eine ver-

Wahrnehmungsveränderungen

stärkte Sehschärfe, Lichter werden außergewöhnlich hell empfunden. Oberflächen erscheinen, als würden sie sich kräuseln, schimmern oder atmen. Es finden komplexe Visionen von Gegenständen und Bildern statt. Objekte verziehen, verwandeln sich oder ändern ihre Farbe. Ein Gefühl des Verschmelzens mit der Umwelt kann eintreten. Geräusche werden klarer gehört, Musik kann an Rhythmus und Tiefe gewinnen. Teilweise wird von Synästhesien berichtet, Töne zu sehen, Farben zu schmecken. (...) Es tritt eine veränderte Wahrnehmung und Empfindung der eigenen Person und der Umwelt ein. Die Wirkung ist prinzipiell sehr variabel, sie kann sowohl größte Glücksgefühle als auch schlimmste Ängste hervorrufen. Als positive Aspekte werden oftmals beschrieben: Euphorie, Lachdrang, kreativer, philosophischer Gedanken- und Ideenfluss, assoziative Lockerung, verwunderliche Wahrnehmungen, Alltägliches erscheint faszinierend, ein tiefgehendes Verständnis der Dinge, lebensverändernde, oft als spirituell erlebte Erfahrungen. Des Weiteren wurde das paradoxe Gefühl beschrieben, zugleich eine normale und eine stark veränderte Psyche zu besitzen, emotional sensibel zu sein (...), eine besondere Verbindung oder Einheit mit anderen Menschen oder der Welt zu empfinden, ein verändertes Zeit- und Raumgefühl zu besitzen. Es können verdrängte bzw. sich im Unbewussten befindende Gedanken oder Erinnerungen hervortreten. Dies geht oftmals mit kurzfristig als tiefgehend und lebensverändernd empfundenen Erlebnissen oder Einsichten einher."[11]

Einheitsgefühle

11 http://de.wikipedia.org/wiki/Psilocybinhaltige_Pilze (Stand: November 2012).

Blanks „Bläuling", das Safrangelbe Samthäubchen *(conocybe caesia)* ist jedoch **ein fiktiver Pilz**. (Einige Vertreter der Pilzart Samthäubchen sind allerdings wirklich halluzinogen.)

Der erfundene „Bläuling"

Erläuterung einzelner Stellen

1. Kapitel:

S. 5	***bar exam***	engl.: Anwaltsexamen
	Fusion	in der Wirtschaft Zusammenschluss, Verschmelzung von Unternehmen
S. 6	**Agenden**	Agenda: Notizbuch, Taschenkalender
S. 7	***mergers***	engl.: Fusionen
	seinen Leisten	der Leist: Schuhmaß
S. 8	**Learjet**	engl.: ein Geschäftsflugzeug
	Tallinn	Hauptstadt von Estland
S. 11	**Gropius**	Walter Gropius (1883–1969), dt. Architekt (Bauhaus)
	Mies van der Rohe	Ludwig Mies van der Rohe (1886–1969), eigentlich Maria Ludwig Michael Mies, deutsch-amerikanischer Architekt
S. 12	**Kimono**	weitärmeliges japanisches Gewand
	deck-chairs	engl., Liegestuhl
S. 13	**Limit**	hier: Höchstgrenze des Einsatzes, den zu verlieren ein Investor bereit ist
	Investor	jemand, der mit Kapitalanlagen seinen Lebensunterhalt verdient
S. 15	**Akquisitionsaktivitäten**	Aktivitäten zur Kundenwerbung
S. 16	**Jour fixe**	frz., regelmäßiges Treffen
S. 17	**Habitués**	frz., Stammgast
	Föhn	warmer, trockener Fallwind

S. 18	**Kastenzeichen**	Farbmarkierung auf der Stirn, dient im Hinduismus zur Abgrenzung von anderen Gesellschaftsschichten
	Huskie	engl.: Eskimohund (mittelgroße, spitzähnliche Hunderasse)
S. 19	**Coiffeurbesuche**	Friseurbesuche

2. Kapitel:

S. 25	**Filofax**	Terminplaner
S. 26	**Norimaki**	Sushiröllchen mit Seetang
	Aschram	bezeichnet in indischen Sprachen klosterähnliches Meditationszentrum, Bedeutung des Wortes: „Ort der Anstrengung"
	Wasabi	jap.: Meerrettich
	Rinpoche	tibetischer Ehrentitel, wörtl. Bedeutung: „Kostbarer"
S. 27	**Portefeuille**	eigentl. Bestand an Wertpapieren, hier: an wertvollen Kunden
S. 29	**Russlandfeldzug**	Anspielung auf den in einem Desaster endenden Russlandfeldzug Napoleons von 1812
	Rubelkrise	Währungs- und Wirtschaftskrise Russlands 1998/99, bei der der russische Rubel massiv an Wert verlor.
S. 30	**Apéro**	in der Schweiz Kurzform für Aperitif
	Bourbon	amerikanischer Whiskey
S. 31	**Liaison**	Affäre
S. 33	**Traiteur**	schweizerisch für Lieferant von Fertiggerichten
S. 34	***lodge***	Ferienhaus oder -wohnung
S. 35	**Dachsbracken**	Jagdhunde
	Lapsang Souchong	chinesische Teespezialität, ein sog. Rauchtee

S. 37	**Humidor**	Behälter mit hoher Luftfeuchtigkeit zur Aufbewahrung von Zigarren
	Romeo y Julieta	exklusive Zigarrenmarke
	Never hesitate	engl.: nie zögern, zaudern
S. 42	**Fond**	Rücksitz

3. Kapitel:

S. 48	**Presse-Communiqué**	Presseerklärung
	Dementi	offizieller Widerruf
	Milizoffizier	Nach dem Schweizer Milizsystem werden öffentliche Aufgaben meist nebenberuflich ausgeübt, das gilt auch für viele Offiziere, die zivile Berufe ausüben.
S. 50	***global players***	in der Wirtschaft Bezeichnung für international agierende, bedeutende Akteure
	Obolus	kleine Geldspende
	makrobiotisch	hauptsächlich Kost aus Getreide und Gemüse
S. 53	**Corbusier-Sofa**	von dem schw.-frz. Architekten und Designer Le Corbusier (1887–1965) entworfenes Sofa
S. 55	**Suite**	Folge von zusammengehörenden Zimmern in einem Hotel
	Kursschiffe	regelmäßig verkehrendes Personenschiff
	Ohrenfauteuils	Ohren-Lehnsessel
S. 58	**Broker**	engl.: Makler, Aktienhändler

4. Kapitel:

S. 62	**Pink Floyd, *Dark Side of the Moon***	legendäres Album der englischen Gruppe Pink Floyd von 1973, gilt nach Michael Jacksons *Thriller* als zweitmeistverkauftes Album

S. 63	**Gorotex-Wäsche**	atmungsaktive Wäsche
	overdressed	engl.: für einen bestimmten Anlass zu vornehm angezogen, zu feierlich gekleidet
S. 64	**Heterogenität**	Ungleichartigkeit, Verschiedenheit
	John Allegro	(1923–1988), britischer Linguist, stellte These auf, das Christentum basiere auf einem psychedelischen Kult, der sich halluzinogener Pilze bediene. Damit hatte er in den 1960er Jahren großen Einfluss auf die Jugend- und Kultszene.
S. 65	**Tipi**	nordamerikanisches Indianerzelt
	Squaw	nordamerikanische Indianerfrau
S. 67	**Kamasutra**	Sanskrit: *Verse des Verlangens*, wurde vermutlich zwischen 200 und 300 n. Chr. von Vatsyayana Mallanaga geschrieben, gilt als einer der einflussreichsten Texte der Weltkulturgeschichte zum Thema der erotischen Liebe.
S. 69	**LSD**	Lysergsäurediethylamid, 1938 von Albert Hofmann hergestelltes Halluzinogen
S. 70	***jam session***	improvisierte musikalische Veranstaltung
S. 71	***vibes***	Stimmungen, Atmosphäre
S. 75	**Gulliver**	*Gullivers Reisen*, Roman des irischen Autors Jonathan Swift (1667–1745), hier Anspielung auf die erste Reise nach Liliput: Als Gulliver nach einem Schiffbruch erwacht, findet er sich von einem Zwergenvolk mit Schnüren an den Boden gefesselt.

5. Kapitel:

S. 82	**Daypack**	Rucksack für Tagestouren
S. 86	**Haupt-traktanden**	Traktandum, schweizerisch für Tagesordnungspunkt
S. 95	**Quartier**	Stadt- bzw. Szeneviertel

S. 96	**önologische Rarität**	Weinbaukunde
S. 97	**Gault Millau**	Gourmetführer
S. 100	***Palmtop***	Smartphone für Geschäftsleute

6. Kapitel:

S. 103	**Ländlerkönig**	Ländler, Volksmusik im ¾-Takt
S. 104	**CIC-Punkte**	Trophäenbewertung nach der Internationalen Konferenz des C. I. C. 1952 in Madrid
S. 108	**Alice durchs Wunderland**	Anspielung auf das Werk *Alice im Wunderland* von Lewis Caroll, erschienen 1865, berühmtes Kinderbuch über ein Mädchen, das in eine irrationale Welt gerät.

7. Kapitel:

S. 114	**aufoktroyieren**	aufdrängen
S. 116	**Lotussitz**	spezielle Sitzhaltung zur Meditation
S. 118	***Lux aeterna luceat eis, Domine: Cum sanctis tuis in aeternum, quia pius es. Requiem aeternam dona eis, Domine et lux aeterna luceat eis. Cum sanctis tuis in aeternum, quia pius es.***	Das ewige Licht leuchte ihnen, Herr, mit deinem Heiligen in Ewigkeit, denn du bist gütig. Die ewige Ruhe gib ihnen, Herr, und das ewige Licht leuchte ihnen. Mit deinen Heiligen in Ewigkeit, denn du bist gütig.
S. 119	**Giuseppe Verdi**	italienischer Komponist (1813–1901)
	Requiem	kirchenmusikalische Komposition für das Totengedenken, hier Verdis *Messa da Requiem* von 1874

8. Kapitel:

S. 129	**Psychoanalyse**	von Sigmund Freud (1856–1939) begründete psychologische Theorie und Psychotherapie
S. 131	**Chronometer**	umgangssprachlich für eine hochwertige und präzise Uhr

10. Kapitel:

S. 148	**Annex**	Anhängsel, Zubehör
S. 149	**interimistisch**	vorläufig, einstweilen
S. 152	**Kodex**	Sammlung von Gesetzen, hier Anstandsregeln
	Penthouse	exklusives Appartement auf dem Flachdach eines Etagen- oder Hochhauses
S. 159	**Cloche**	beim Servieren verwendete Metallhaube zum Warmhalten der Speisen
S. 161	**Lumberjack**	Holzfällerjacke
S. 162	**Polizeifiche**	Polizeiakte

11. Kapitel:

S. 174	**Survival**	Überlebenskunst, Fertigkeiten, die ein Überleben in gefährlichen Situationen ermöglichen sollen.
S. 177	**Plenterwald**	bewirtschafteter Hochwald, ein stetig sich verjüngender Dauerwald, in dem Bäume aller Dimensionen (nicht Altersklassen) vermischt sind.
S. 178	**Kalium-permanganat**	eignet sich zum Entkeimen von Wasser und Entfachen eines Feuers

12. Kapitel:

S. 196	**Batik**	unter Verwendung von Wachs hergestelltes gemustertes Gewebe
	Attorney at Law	Rechtsanwalt

S. 197	**Randensaft**	Rote Beete-Saft

13. Kapitel:

S. 204	**Blache**	vielseitig verwendbare Tücher
	Faradaykäfig	allseitig geschlossene Hülle aus einem elektrischen Leiter (z. B. Drahtgeflecht oder Blech), die vor Blitzen schützt

14. Kapitel:

S. 210	**Insider-geschäfte**	(verbotene) Aktienkäufe oder -verkäufe von Personen, die vor der Öffentlichkeit von kursrelevanten Unternehmensmeldungen wissen
S. 212	**dehydrieren**	durch Wasserentzug haltbar machen
S. 218	**Pemmikan**	nahrhafte und haltbare Mischung aus zerstoßenem Dörrfleisch und Fett, welche die Indianer Nordamerikas als Reiseproviant und Notration mit sich führten
S. 219	**Schweißhund**	schweißen: Jägersprache: bluten; Jagdhunde

15. Kapitel:

S. 227	**David Hockney**	geb. 1937, ein britischer Maler, Graphiker, Bühnenbildner und Fotograf, einer der einflussreichsten Künstler des 20. Jh.
S. 228	***hot key***	spezielle Tastaturkombination
S. 229	***Shrooms***	Zauberpilze
S. 233	**MAOHS**	Sog. MAO-Hemmer oder Monoaminooxidase-Hemmer hemmen das Enzym Monoaminooxidase und werden wegen ihrer stimmungsaufhellenden Eigenschaften als Antidepressiva genutzt.
S. 234	***caesia***	lat. grauäugig, himmelblau, vgl. S. 239

16. Kapitel:

S. 240	**Cache files**	Computersprache: gespeicherte Schriftstücke
S. 243	**man-eater**	Menschenfresser
S. 247	**Brissago**	Zigarrenmarke
S. 251	**Dreistangenbock**	Jägersprache: Bock mit seltener Fehlbildung seines Gehörns
S. 252	**äste**	äsen: fressen, grasen
	Büchsenlicht	Jägersprache: zum Schießen ausreichende Helligkeit
	Blattschuss	Jägersprache: Schuss ins Schulterblatt. Da er Herz und Lungen und/oder große Blutgefäße verletzt, wirkt der Schuss meist sofort tödlich.
	gekrellt	krellen: Jägersprache, mit einem Schuss streifen, vorübergehend lähmen. Krellschuss: Streifschuss.
	Fangschuss	Jägersprache: Schuss aus der Nähe, der das Wild tötet
	Bruchzeichen	von Jägern verwendete Zeichen aus belaubten bzw. benadelten Zweige bestimmter Bäume (Fichte, Eiche, Tanne, Kiefer)
S. 255	**Wundbett**	Jägersprache: Stelle, an der sich ein verwundetes Wild niederlegt
	rote Arbeit	Jägersprache: das Ausnehmen des erlegten Wildes
	abgeschärft	Jägersprache: ablösen, abschneiden
	aufgebrochen	Jägersprache: das Öffnen bzw. Aufschneiden des erlegten Tieres zur Entnahme des „Aufbruches“
	Bruch	s. Bruchzeichen, S. 252
S. 256	**Äser**	Jägersprache: Maul des Haarwildes; mit dem Äser wird Äsung, d. h. Nahrung, aufgenommen.
	weidgerecht	dem jagdlichen Brauchtum gemäß
S. 257	**speditiven**	schweizerisch: rasch

17. Kapitel:

S. 260	**Tschernobyl**	Am 26. April 1986 ereignete sich im sowjetisch-ukrainischen Kernkraftwerk Tschernobyl ein GAU (größter anzunehmender Unfall), der zu einem radioaktiven Niederschlag in vielen Ländern Europas führte.
S. 265	**Tobel**	trichterförmiges Tal in der Schweiz
S. 266	**Mergel**	Sedimentgestein, besteht je etwa zur Hälfte aus Ton und Kalk
S. 267	**Erosion**	im geologischen Sinne Abtragung von verwittertem Gestein und Boden
	Nagelfluh	Sedimentgestein, Konglomerat aus mindestens 50 % gerundeten Komponenten (Kies oder Geröll)
S. 274	**Nachbarkantone**	Die Schweiz setzt sich aus 26 Kantonen bzw. Gliedstaaten zusammen.

18. Kapitel:

S. 280	**Reuse**	stationäre Vorrichtung, die überwiegend für den Fischfang benutzt wird; tonnen- oder kegelförmige Korb- oder Drahtgeflecht mit trichterförmigem Eingang
S. 288	**Sennenhund**	Bezeichnung für Bauernhunde in der Schweiz
S. 289	**Harass**	Schweizerisch für Kasten, Kiste

20. Kapitel:

S. 308	**Komparse**	Klein- oder Laiendarsteller
S. 309	**Parka**	Langjacke oder -mantel, oft gefüttert
	Repetierstutzer	Repetiergewehr
	Leuchtabsehen	optische Vorrichtung für die Verbesserung der Lichtverhältnisse Nacht

	Gürtelholster	Gürteltasche für Pistolen
	Luger	legendäre Pistole der deutschen und Schweizer Armee für den Nahkampf
S. 314	**Trauerbruch**	s. Bruchzeichen, S. 252

3.6 Stil und Sprache

ZUSAMMENFASSUNG

- → einfache, leicht verständliche Prosa bzw. Syntax, viele Dialoge
- → Verwendung von Fachausdrücken aus verschiedenen Bereichen (z. B. Jägersprache, Survivaltechniken)
- → besondere Bildhaftigkeit der Sprache im Falle von Blanks Pilztrips
- → Verwendung von Symbolen und symbolischen Bezügen (dunkle Seite des Mondes, Wald, Autos, Jagdtrophäen)
- → Verwendung von Andeutungen und Leerstellen

Syntaktische Textgestaltung

Einfache, leicht verständliche Sprache

Suter schreibt eine einfache, leicht verständliche Prosa. Hauptsätze sowie Hauptsätze mit einem Nebensatz prägen syntaktisch seinen Stil. Es gibt viele Dialoge. Hie und da findet man auch Ellipsen, die Suters Stil der Alltagssprache annähern, wie im folgenden Beispiel der zweite Satz: „Aber diesmal war er doch etwas weit über das Limit hinausgegangen, das er sich zu setzen pflegte. Selbst für die Maßstäbe des risikofreudigen Investors, der er war.“ (S. 13)

Fachausdrücke

Begriffe aus Fachsprachen

In diese Alltagssprache fügt Suter nach seinen Recherche diverse Fachausdrücke vor allem aus dem Gourmetbereich, der Jägersprache, der Survivaltechnik, der Botanik und Chemie ein.

Gourmetbereich

So verspeist Blank beim gemeinsamen Essen mit Wenger „Kalbspaillarde mit Gemüse“ (S. 19) oder zusammen mit Lucille an ihrem Stand „Lachs- und Kaviarbrötchen“ (S. 33), wie es seiner Gesellschaftsschicht entspricht. Evelyne und ihre Freundin Ruth Zopp kosten japanische „gemischtes Sushi – Inari, Chirashi, Nigiri und Norimaki“ (S. 26).

Jägersprache

Im Zusammenhang mit dem Jäger Ott werden wir mit der Jägersprache vertraut gemacht; wir lesen z. B. von „Büchsenlicht“ (S. 252), von „Blattschüssen“ (S. 252) und einem „Dreistangenbock“ (S. 251), der nur „gekrellt war“ (S. 252).

Survival, Botanik, Chemie

Mit Blank lernt der Rezipient die Welt der Kunst des Survival kennen (S. 178): Blank setzte „sich auf eine Isolationsmatte und breitete die Überlebensfolie als Faradaykäfig über sich aus.“ (S. 204) Motiviert von seiner Liebe zum Wald lässt sich Blank Bücher und Nachschlagewerke zum Thema ins Eschengut zustellen (S. 157) und weiß daher, was ein „Plenterwald“ (S. 177) ist. In den Bereich der Chemie gerät der Leser aufgrund der psychedelischen Pilze: So erkundigt sich Blank bei seinem Freund Wenger: „‚Gibt es psychoaktive Pilz mit andern Wirkstoffen als Psilocybin?‘ (…) ‚Psilocin, Serotonin, Baeocystin, soviel ich weiß.‘“ (S. 145) Später findet Blank selbst *„psilocybe semilanceata“* (S. 213).

Bildhaftigkeit

Farbige Bilder voller Bewegung

Entsprechend der Thematik der Wahrnehmungsveränderungen, die bei Pilztrips tatsächlich erfolgen, wird die Sprache bei diesen Anlässen besonders bildhaft. So heißt es während des ersten Trips:

> „Das Licht drang durch seine Augenlider und verwandelte sich in Bildpunkte, die in grellen Farben explodierten. Er war ein gläserner Behälter, der sich bei jeder Explosion mit einer anderen Farbe füllte. Zitronenfaltergelb, Himbeersiruprot, Pistazieneisgrün.“ (S. 74)
>
> „Im Wald herrschte hoher Wellengang. Woge um Woge kam der Waldboden auf Blank zu. (…) Eine neongrüne Welle folgte

einer phosphorgelben, einer saphirblauen, einer karminroten. Und die Bäume tanzten dazu, wie Bojen im aufgewühlten Meer." (S. 76, vgl. S. 115 f., 307 f.)

Symbole und symbolische Bezüge

Bedeutung des Titels: die dunkle Seite des Menschen oder der „Schatten"

Schon der Titel des Romans trägt Symbolcharakter: Er bezieht sich auf das 1973 erschienene Pink Floyd-Album *The dark side oft he Moon*, von dem Lucille auf dem Weg zum ersten für Blank schicksalhaften Pilztrip sagt: „Die beste Trip-Musik der Welt." (S. 62) Vor dem dritten Pilztrip erinnert sich Blank daran (vgl. S. 304). Dieser englische Titel wiederum bezieht sich auf einen Satz von Mark Twain: „Everyone is a moon, and has a dark side which he never shows to anybody."[12] Auf Deutsch: „Jeder ist ein Mond und hat eine dunkle Seite, die er niemandem zeigt." Die dunkle Seite des Menschen betrifft bei Blank seine unterdrückte aggressive Seite, die nach dem ersten Pilztrip spontan ungehemmt in Aktion tritt. Der Individualpsychologe C. G. Jung sprach vom „Schatten" und bezeichnete damit jenen Teil des individuellen Unbewussten, der aus all jenen Aspekten der Psyche besteht, die mit dem bewussten Ich unvereinbar sind, unterdrückte bzw. verdrängte Neigungen und Wünsche.[13]

Die Symbolik des Waldes: das Andere

Den wohl umfangreichsten und wichtigsten Symbolkomplex stellt zweifellos der Wald dar, vgl. dazu Aufgabe 4 im Kapitel 6: Prüfungsaufgaben dieser Erläuterung.

Die Bedeutung des schwarzen Jaguars und des schwarzen Range Rovers

Symbolcharakter gewinnen in diesem Zusammenhang auch die Autos, nicht nur die von Blank (erst schwarzer Jaguar, dann schwarzer Range Rover), sondern auch der seltene Dodge Adventure Pick-

---

12 Mark Twain: *Following the equator*, Kap. LXVI; 1897.

13 Vgl. dazu Jolande Jacobi: *Die Psychologie von C.G. Jung. Eine Einführung in das Gesamtwerk. Mit einem Geleitwort von C.G. Jung.* Frankfurt am Main 1995.

up von Pius Ott (dodge = rasches Ausweichen, Schlich, Kniff, sich drücken; adventure = Abenteuer: pick up = aufhacken, aufheben, aufschnappen) lässt sich symbolisch auf seinen Fahrer beziehen: zum einen auf seine Abenteuer bei der wenig fairen Jagd nach Tieren und zum andern auf seine ebenso unfairen wirtschaftlichen Abenteuer bei der Jagd nach Geldgewinn und Menschen wie Fluri und Blank. Thea Caillieux spricht auch den Jagdtrophäen, mit denen sich Ott umgibt, Symbolcharakter zu:

> „Je seltener, geschützter, gefährlicher desto besser: Luchs, Alligator, Wasserbüffel, Hammerhai, Löwe. Sie alle weisen über sich hinaus und (...) symbolisieren Einzigartigkeit und Stärke, die nur von einem überboten wird: von Ott selbst, dem größten Raubtier, der, da er sie tötete, stärker war als die erlegten Tiere."

Caillieux sieht in dieser Figur sogar geradezu einen Vertreter des „Raubtierkapitalismus": „Damit wird die archaische Welt des Fressens und Gefressenwerdens als Vergleichsbereich für die Welt der Finanzwirtschaft herangezogen."[14]

Tierjagd und Menschenjagd

Der symbolische Bezug zwischen Otts Tierjagd und seiner von Rache und Gewinnmaximierung motivierten Menschenjagd manifestiert sich durch den ganzen Roman hindurch: Schwimmend assoziiert Ott den getöteten Luchs, den er soeben heimgebracht hat, mit Fluri: „Er hatte insgeheim gehofft, dieser [Nauer] würde ihm als Zugabe zum Luchs auch Fluris Balg liefern." (S. 13) Das Gespräch mit Nauer über Fluris finanziellen Wert – Nauer fragt Ott: „Was schätzen Sie, ist Fluri wert?" (S. 105) – kombiniert Suter erzählerisch unmittelbar mit dem Luchs: „Als Nauer aus der Einfahrt fuhr, kam ihm ein Lieferwagen entgegen. Der Präparator brachte

---

14 Caillieux, S. 40.

den Luchs aus Estland." (S. 105 f.) Die wertvollste Trophäe stellt für Ott der Löwenschädel dar, der „*man-eater*", denn: „Es war seine aufregendste Jagd gewesen. Er hatte es mit einem Gegner zu tun, der ihm selbst gefährlich werden konnte." (S. 244) Genau das trifft ja auch auf Blank zu, der ihn am Schluss ohne Weiteres mit dem Messer, das er einst von Ott als Geschenk erhalten hat (vgl. S. 37), erstechen könnte (vgl. S. 314).

Andeutungen und Leerstellen

Ist Blank schuld an Joe Gassers Tod?

Zu Suters Erzählstil gehören bewusst eingebaute Andeutungen und Leerstellen, die der Rezipient mit seiner Fantasie zu ergänzen hat, etwa bei der (Nicht-)Erzählung des ersten Sexualaktes von Urs Blank mit Lucille (vgl. S. 46). Eine Leerstelle stellt auch Joe Gassers Tod dar. Hat Urs Blank mit dem Brand des Fichtenhofs etwas zu tun? Diese Frage bleibt bis zum Schluss offen. Zwar lesen wir beim Besuch Blanks bei Joe, dass dieser in der Küche „im kleinen Holzherd Feuer gemacht" hat, dass bei der Ohrfeige, die Blank ihm versetzt, der brennende „Stummel (...) durch die Küche" fliegt (beide S. 135) und dass die beiden darauf ins „Schlafzimmer, direkt unter dem Dach" (S. 136) hinaufsteigen. Doch damit hat es sich. Die Frage, ob die wegfliegende brennende Zigarette zum Brand führt, bleibt sowohl den handelnden Personen als auch dem Leser unbeantwortet, weil der Autor selbst uns dazu nichts mehr sagt, sondern uns lediglich Lucilles und Wengers Verdächtigungen vor Augen führt (vgl. S. 142, 146, 189). Zu einer diesbezüglichen Schuldbewusstwerdung Blanks kommt es nicht, denn er kommentiert Joes Tod nur beiläufig mit einem „‚Ach.' Es klang weder erstaunt noch erschrocken noch enttäuscht." (S. 146)

3.7 Interpretationsansätze

ZUSAMMEN-FASSUNG

→ Umfangreichere Interpretationsansätze gibt es bislang weder zum Werk von Martin Suter im Allgemeinen noch zu dem Roman *Die dunkle Seite des Mondes* im Besonderen.
→ Wie im folgenden Kapitel 4 erwähnt wird, existieren lediglich Rezensionen, die den hier erläuterten Roman gattungsgeschichtlich einzuordnen versuchen.
→ Wolfgang Salomon spricht von einem „psychologischen Roman“[15] und Dieter Wunderlich von einer „Mischung aus Psychothriller und Wirtschaftskrimi“[16].

Psychologischer Roman

Psychische Vorgänge in einer Ausnahmesituation

Der psychologische Roman schildert üblicherweise vor allem psychische Vorgänge im Innern einer Person; die äußeren Ereignisse treten dagegen in den Hintergrund. Anstelle von ganzen Lebensläufen werden eher psychische Ausnahmesituationen im Leben eines Protagonisten erzählt. Auch Urs Blank erleben wir nur während eines halben Jahres; von seiner Vergangenheit erfährt der Leser nur das Nötigste. Obwohl der Leser mit äußeren Ereignissen reichlich versorgt wird, geht es vor allem um Blanks psychische Veränderungen während seiner Lebenskrise, die freilich nach außen wirken: Vom Staranwalt, der in großem Luxus lebt, verwandelt sich Blank in einen verbrecherischen Waldmenschen, der sich am Schluss erschießen lässt. Weil er auf dem Höhepunkt seiner

---

15 Salomon, *Akademischen Buchhandlung*.
16 http://www.dieterwunderlich.de/Suter_seite_mondes.htm (Stand: November 2012).

Karriere auch noch etwas anderes erleben möchte, begibt er sich mit Lucille in die „Ausnahmesituation" Pilztrip, der für ihn aber verheerende Folgen hat.

Zusammenfassend soll hier mit Hilfe psychologischer und soziologischer Begriffe den Verlauf der psychischen Veränderungen Blanks nachgezeichnet werden: In der Phase bis zum ersten Pilztrip verfügt Urs Blank über eine intakte Identität, zu der eine sog. Wir-Identität (soziale Rollen, Gruppenzugehörigkeiten) und eine Ich-Identität (Erfahrung und Bewusstsein der Einzigartigkeit) gehören. Er identifiziert sich mit seiner Berufsrolle, nicht mehr allerdings mit seiner Rolle als Lebenspartner von Evelyne, dafür aber als Geliebter von Lucille. Mit Alfred Wenger verbindet ihn eine gute Freundschaft. Er hat sich selbst und seine Aggressionen einigermaßen im Griff und weiß dies auch (vgl. S. 90). Was sein Gewissen betrifft, so funktioniert es nach den gängigen Konventionen und Wertvorstellungen der Gesellschaft, in der er lebt. Dazu zählt sogar die Einfügung einer Haftungsklausel auf Otts Anregung hin, die dann Fluri ruiniert. Solche Handlungen sind in der Finanzwelt durchaus üblich und werden von einem cleveren, erfolgsorientierten Anwalt erwartet. Nach dem Strukturmodell der menschlichen Psyche von Sigmund Freud kann man sagen: Blanks Es, Ich und Über-Ich befinden sich in einem relativ gesunden Gleichgewicht. Dass er seine Identität verändern will mit Lucille und dem Erleben des Waldes, tut seiner psychischen Gesundheit zunächst keinen Abbruch.

Intakte Wir- und Ich-Identität

Es, Über-Ich und Ich im Gleichgewicht

Während des Pilztrips bei seiner sog. „Einsicht" stürzt seine Wertewelt zusammen, sodass nur er selbst als „einzige Wirklichkeit" übrig bleibt (S. 78). Danach ist seine Identität verändert. Sein bis dahin gültiges Selbstkonzept gerät aus den Fugen. Der „Bläuling" hat sein „Ich-Bewusstsein" nachhaltig gewandelt bzw. geschädigt: Er kann sich weder mit seiner Berufsrolle (vgl. S. 88 f.) noch mit jener des Geliebten von Lucille noch identifizieren. Mit der Tötung

Wir-Identität durch Wald ersetzt

Überleben und Bläuling als einzige Ziele

der Katze beginnt die Reihe seiner spontanen Gewaltakte. Mit dem vorgetäuschten Suizid löscht er seine bisherige Wir-Identität aus, verlässt alle soziale Gemeinschaft, die er durch den Wald ersetzt, mit dem er sich zunehmend identifiziert, und zieht sich auf eine rudimentäre Ich-Identität zurück: Das bewusste Ich kennt nur noch zwei Ziele: Das Überleben im Wald, wo keinerlei moralische Gesetze herrschen, und das Finden des Bläulings, um die Gewissensstörung rückgängig zu machen und Heilung zu erlangen. Der Triebbereich (Freuds Es) reduziert sich wie bei einem Tier aufs reine Überleben, in dessen Dienste die Aggression steht. Vom Gewissen (Freuds Über-Ich) bleiben nur noch verspätete Schuldgefühle übrig, die mit der Zeit jedoch vergehen. Dass Blank nach dem dritten Pilztrip mit dem Bläuling als Geheilter zuletzt auf Gewalt verzichtet, ist nicht die bewusste Entscheidung seines Ichs, sondern seines unbewussten Über-Ichs, also seines zurückgekehrten oder wiedergefundenen Gewissens: „Aber etwas hinderte ihn daran zuzustoßen.“ (S. 314)

Psychothriller

Spannung und seelische Gewalteinwirkung

Im Roman lassen sich auch Elemente eines Thrillers feststellen. Für den Thriller ist vor allem die Spannung charakteristisch. Laut Lexikon (Wikipedia) „muss sich der Held meist gegen moralische, seelische oder physische Gewalteinwirkung durch seinen Gegenspieler behaupten.“[17] Er stirbt oft beim Besiegen seines Gegners. Der einzige wirkliche Antipode von Urs Blank ist Pius Ott. Er wird es, nachdem er seine Menschenkenntnis an Blank ausprobiert hat, indem er ihm Bordeaux zum Pilzgericht anbietet, obwohl er weiß, dass die Faltentintlinge sich nicht mit Alkohol zusammen vertragen. Für diese Gemeinheit im moralischen Sinne erntet er von Blank einen Faustschlag ins Gesicht (vgl. S. 155). Von da an hasst er Blank

---

17 http://de.wikipedia.org/wiki/Psychothriller (Stand: November 2012).

und will ihn „dafür bestrafen (...), dass er sich in ihm getäuscht" hat (S. 186). Am Schluss tut er dies in unverhältnismäßiger Weise, indem er ihn erschießt.

Wirtschaftskrimi

Haftungsklausel für Fluri

Wirtschaftskriminalität wird im Roman eigentlich nur angedeutet: Fluri, der sich im „Russlandfeldzug" (MOCKTEX) hoch verschuldet hat, will mit dem Verkauf seiner ELEGANTSA an CHARADE in Wirklichkeit seine horrenden Schulden loswerden, verschweigt dies aber und versucht damit die Beteiligten zu betrügen. Der Vertrag mit der legitimen Haftungsklausel, den er gezwungenermaßen unterschreibt, ruiniert ihn finanziell; d. h., der versuchte Betrüger wird selber übers Ohr gehauen. Er ist sich dessen aber vermutlich bewusst und nimmt sich in der Folge das Leben. Hauptnutznießer dabei ist Ott.

Dubioser Millionengewinn

Dass die „Herren Geiger, von Berg, Minder, Huwyler, Ott und – und in bescheidenem Umfang, aber immerhin – Gerber" (S. 231) durch die Gesellschaftsgründung der EXTERNAG „mit Aktienkäufen im großen Stil Kursgewinne von knapp vierhundert Millionen Dollar" (S. 235) getätigt haben, wird dem Leser zwar mitgeteilt und damit der Eindruck erweckt, dass es sich da um dubiose Geschäfte handelt; Genaueres erfahren wir nicht. Es bleibt bei diesen bloßen Andeutungen; offenbar handelt es sich um illegale Insider-Aktienkäufe im Vorfeld der Fusion.

Kriminalroman

Elemente des Genres

Bei Suters Roman *Die dunkle Seite des Mondes* handelt es sich auch um einen Kriminalroman, weil alle Grundbausteine dieses Genres – Täter, Tat, Opfer, Motiv, Ermittler, Verdächtige, Indizien und Verhaftung – vorhanden sind, wenn auch nicht im trivialen Sinne. Vielmehr verhält es sich etwas komplizierter: In der Rolle des Täters sind eindeutig Urs Blank und Pius Ott. Letzterer bringt Fluri aus Rache für das Vermasseln seiner eigenen Militärkarriere vor vierzig Jahren mit der erwähnten Haftungsklausel zu Fall, doch geschieht dies auf legalem Weg. Jedoch ermordet Ott Urs Blank durch Erschießen. Sein Motiv besteht merkwürdigerweise und vielleicht nicht sehr glaubwürdig in der Rache für sein eigenes Vergehen: Er, Ott, fühlt sich in oder von Blank getäuscht (vgl. S. 186). Nachdem er seinem Opfer einen „Trauerbruch aus einem Eibenzweig vom Hutband (...) ins Grab" (S. 314) geworfen hat, schaufelt er es zu. Auf dem Rückweg zu seinem Auto wird er von Blaser und Welti verhaftet. Der Leser darf annehmen, dass sein Mord aufgedeckt und Ott strafrechtlich dafür zur Rechenschaft gezogen wird. Aber das steht nicht mehr explizit im Text.

Ott erschießt Urs Blank und wird von der Polizei gefasst

Nach Urs Blanks Straftaten wird allerdings nicht gefahndet, sie werden daher auch nicht aufgedeckt: Dass er die Kollision zweier sich entgegenkommender Autos proviziert hat und daher die Schuld an zwei Todesopfern trägt, weiß nur er selbst und mit ihm der Leser (vgl. S. 101, 103). Die im Affekt der Wut versuchte Tötung bzw. Körperverletzung des Journalisten bleibt folgenlos (vgl. S. 126), ebenfalls die Tötung des Räubers durch Überfahren (vgl. S. 132, 134). Die Ermordung des Jägers Dr. jur. Lorenzo Brunners sieht nachher aus wie ein Unfall. Es gibt keinen Verdacht, keine Zeugen und keine Indizien. Vom Mordversuch an Arshad aus Eifersucht erfährt zwar die Polizei; aber da Lucille und Arshad keine Anzeige erstatten, geschieht hierauf nichts. Lediglich Joes Verbrennungstod, der möglichweise durch die nach Blanks Ohrfeige wegfliegende brennende Zigarette (vgl. S. 135) verursacht wird, und der von Blank getötete Schäferhund des Polizisten Welti (vgl. S. 248) zeitigen Folgen: Blank wird darauf als mutmaßlicher Mörder von Joe gesucht, weil jemand seinen schwarzen Jaguar kurz vor dem Brand

Nicht-Aufdeckung der Straftaten Blanks

beim Fürstenhof gesehen hat und dies der Polizei meldet. Das Auto ist ein schwaches Indiz. Aufgeklärt wird der Fall jedoch nie.

Das Hauptinteresse des Autors gilt der Täterpsychologie Urs Blanks, die sich durch die Einnahme des „Bläulings" während des ersten Pilztrips verändert hat: Er hat die Kontrolle über seine Aggressionen verloren und handelt impulsiv, ganz aus dem Affekt heraus und ist insofern nicht oder nur eingeschränkt schuldfähig bzw. zurechnungsfähig. Suter geht es dagegen nicht um die Aufdeckung der Straftaten des Haupttäters Urs Blank, denn diese werden dem Leser ohnehin mitgeteilt. Suter geht es vor allem um die Identitätsveränderung seines Protagonisten. Die Polizei, die Blank sucht, findet am Ende tatsächlich einen Mörder, doch handelt es sich um Pius Ott. Die Ermittler bedürfen für ihr Handeln keinerlei Heldenhaftigkeit; sie tun nur ihre Pflicht; der ältere Blaser schöpft aus seiner Erfahrung und Routine, der jüngere Welti wird zusätzlich von seinem Rachebedürfnis für seinen Hund angetrieben.

Kontrollverlust und Impulsivität als Motivation Blanks

4. REZEPTIONSGESCHICHTE

ZUSAMMEN-FASSUNG

→ Martin Suter gehört zu den Bestsellerautoren im deutschsprachigen Raum.
→ Die Kritik ordnet Suters Bücher anerkennend-positiv unter ‚gehobene Unterhaltung' ein.
→ Einzelne Rezensenten wie Ulrich Greiner stellen Suters Romane jedoch unter Trivialitätsverdacht.
→ *Die dunkle Seite des Mondes* wurde überwiegend positiv rezensiert.

Umstrittener Bestsellerautor

Begeisterung beim Publikum

Beim Publikum lösen Suters Romane weithin Begeisterung aus und stehen regelmäßig auf den Bestsellerlisten. *Der Spiegel* führte dies darauf zurück, dass Suter „nahezu filmisch gebaute Geschichten" schreibe: „er fängt seine Leser mit schlanken, raffinierten Plots. Das macht ihn in der deutschsprachigen Literaturwelt, wo die Kritik stets zuallererst auf schlaue Reflexion und schöne Sätze erpicht ist, zu einem bestaunten Ausnahme-Schriftsteller."[18] Dem positiven Tenor vieler Rezensionen wurde von dem Literaturkritiker Ulrich Greiner vehement widersprochen, für den Suters Romane „erstaunlich schlecht geschrieben" sind:

> „Martin Suter ist ein seltener Fall. Mit seinen bislang sieben Romanen hat der Schweizer Autor nicht nur ein Millionenpublikum gewonnen, sondern mehr und mehr auch die Gunst der Lite-

---

18 Höbel, *Die Elixiere des Springteufels.*

> raturkritik. Wenn der *Spiegel* vor Jahren behauptete, Suter werde von ihr ‚grob unterschätzt', so trifft das nicht mehr zu. Wohlwollende bis begeisterte Betrachtungen seines Werks füllen die Spalten seriöser Blätter, leider auch der *ZEIT*. Das ist deshalb erstaunlich, weil Suter gar kein Schriftsteller ist – wenn man darunter jemanden versteht, der die Kunst sprachlicher Aneignung und Durchdringung beherrscht. Kurz gesagt: Suter kann nicht schreiben."[19]

„Sutter kann nicht schreiben."

Der Schweizer Kritiker Martin Ebel nahm im *Tages-Anzeiger* Stellung zum Trivialitätsverdacht von Suters Romanen:

> „Erfolg ist kein Qualitätskriterium, aber auch nicht das Gegenteil davon (à la ‚Was so vielen gefällt, kann gar nicht gut sein'). / Erfolg und Qualität stehen durchaus in einem Verhältnis zueinander – allerdings in einem komplizierten. Das liegt nicht nur daran, dass man wunderbar darüber streiten kann, was gute Literatur sei (sogar unter Experten, was sich in jeder Jurysitzung zeigt), sondern auch am sich wandelnden Geist der Zeit. (...) Insgesamt wurde die Grenze zwischen ‚U' und ‚E', also zwischen Unterhaltung und ernsthafter Literatur, durchlässiger. Heute gilt Unterhaltung nicht mehr automatisch als trivial und volksverdummend."[20]

Zwischen U und E

Die Rezeption des Romans *Die dunkle Seite des Mondes*

Die Kritik äußerte sich fast nur in lobenden Tönen zu *Die dunkle Seite des Mondes* bei Erscheinen des Romans im Jahr 2000. Friedmar Apel etwa beschreibt in der *Frankfurter Allgemeinen* das Werk als

---

19 Greiner, *Platinblond, navyblau*.
20 Ebel, *Martin Suter reizt die Kritiker*.

„Optimum an Belehrung, Spannung und Vergnügen"

„eine gründlich recherchierte, präzise, elegant und humorvoll geschriebene Geschichte (...). (...) Martin Suter (bietet) mit raffiniert adaptierten klassischen Mitteln ein Optimum an Belehrung, Spannung und Vergnügen."[21] Thomas Köster schreibt in der *Süddeutsche Zeitung*:

> „Nach *Small World* (1997), dem ersten Alzheimerroman der Literaturgeschichte, hat er nunmehr ein Buch aus dem dunklen Reich der Pilze vorgelegt, das zugleich raffinierter Wirtschaftskrimi, giftiges Gesellschaftspanorama, verhinderte Liebesgeschichte und psychologisches Vexierspiel ist – und darüber hinaus noch ein zentrales Thema des Autors (das der schleichenden Persönlichkeitsveränderung und Orientierungslosigkeit nämlich) konsequent weiterschreibt. (...) Seit Alfred Döblin, der seinen Kaufmann Herrn Michael Fischer mit dem letzten Satz der Erzählung *Die Ermordung einer Butterblume* 1910 einfach lachend und prustend ‚in dem Dunkel des Bergwaldes' verschwinden ließ, hat wohl kein deutschsprachiger Autor seine Figur derart schlüssig mit einem Gehölz fusionieren lassen."[22]

Auch Thomas Kraft lobte in der *Frankfurter Rundschau* Suters Roman:

„Unterhaltung at it's best"

> „Es ist nicht der alltägliche Wahnsinn, der in Suters Roman um sich greift. Schleichend verändert er das Bewusstsein zivilisationsgesättigter Erfolgsmenschen und lenkt ihre Schritte direkt in die Katastrophe. (...) Keine Redundanzen, kein gefälliges Geplauder und keine Trivialitäten – stattdessen: Liebe zum Detail,

---

21 Apel, *Pilze für den Wirtschaftsanwalt.*
22 Köster, *Pilze für den Staranwalt.*

> plastische Charaktere, stimmige Bilder, schwungvoller Erzählstil. Unterhaltung at it's best! Der Text gibt keine wirklichen Rätsel auf, doch die individuellen Abgründe, die sichtbar werden, lösen eine derart obsessive Brutalität aus, dass uns ihr Schatten erreicht und nachdenklich stimmen muss."[23]

Ausgerechnet in der NZZ formulierte Rainer Moritz dagegen Vorbehalte:

Klischeehaftigkeit der Figuren

> „Darf man einem Roman die Klischeehaftigkeit seiner Figuren vorwerfen? Und wer entscheidet darüber, wann Eigenschaften zu Stereotypen werden, zu Accessoires, die aus der leicht zugänglichen Vorratskammer der trivialen Vorurteile entliehen sind? Martin Suter macht es einem nicht einfach, diese Fragen zu beantworten. (...) Das pointierte Finale rettet diesen – auch sprachlich wenig inspirierten – Roman nicht. Martin Suter will zu viel; das exotische Dekorum bunter Giftpilze reicht nicht aus, um das Schablonenartige dieses Männerromans wettzumachen."[24]

---

23 Kraft, *Halluzinogene Pilze mit Lucie.*
24 Moritz, *Auf Pilzsuche.*

5. MATERIALIEN

Martin Suter will in seinen Romanen keine Moral predigen:

Keine Moralpredigt

„Es ist nicht so, dass ich eine Botschaft habe und einen Roman daraus mache. Ich schreibe einen Roman – und manchmal formuliert er eine Botschaft."[25]

Auf die Frage von Ardita Shilova, inwieweit Suters Bücher Fiktion sind oder auch „Spuren von Charakteren", die er selbst kennt, enthalten, antwortet er:

Erlebt oder erfunden?

„Sie sind reine Fiktion, aber es ist auch bei mir wie immer mit der Fiktion: Sie zehrt vom Erlebten und Erfahrenen. Ich würde zwar nie einen Charakter eins zu eins aus dem richtigen Leben übernehmen, aber sie sind bestimmt alle eine Mischung aus Leuten, denen ich in meinem Leben begegnet bin."[26]

Und an anderer Stelle hält er fest:

Wichtigkeit von Recherchen

„Ein Schriftsteller sollte vor allem Dinge beschreiben können, die er nicht selbst erlebt hat. Aber er sollte nicht über Dinge schreiben, über die er nichts weiß. Deswegen bin ich ein genauer Rechercheur."[27]

---

25 Ebel, *Die Schweiz ist kein sicherer Hafen mehr.*
26 Shilova, *Mich interessieren Veränderungen.*
27 Weissensteiner, *Nichts für Kaltduscher.*

Folglich hält er am Realitätsprinzip fest:

„Die Dinge, die stimmen können, die es wirklich gibt, die müssen dann auch unbedingt der Realität entsprechen. Es muss gut recherchiert sein, und auf dieser Basis des Wahrhaftigen kann man dann schon ab und zu mal eine Lüge ersteigen lassen. Ja, aber schlussendlich ist es schon der Realismus – ich muss es mir selber so vorstellen, als ob ich es vor mir sehe, und es dann beschreiben."[28]

Wahrung des Realitätsprinzips

In der neurologischen Trilogie, zu der ja auch ***Die dunkle Seite des Mondes*** gehört, geht es um die Frage nach der Identität, um die Frage „Wer bin ich?". Dazu erklärt Martin Suter:

„Mich reizt an diesem Thema die gute alte Identitätskrise. Und weil unsere Identität aus unserer Erinnerung besteht, kann man eine solche am besten dadurch auslösen, indem man Erinnerungen auslöscht oder sonstwie manipuliert. Mich interessiert die Veränderung der Protagonisten, besonders die unfreiwillige."[29]

Identitätsproblematik

Andernorts präzisiert Suter:

„Wahrscheinlich fasziniert alle Leute ab und zu die Frage ‚Wer sind wir und wer könnten wir auch noch sein?' Einerseits ist es die Faszination dieser Frage, dieser schmale Grat zwischen den Identitäten, zwischen den Persönlichkeiten – die Wandlung auf diesem schmalen Grat hat mich immer interessiert. Das andere ist eine sehr praktische Sache. In einer Geschichte sollte, und das nicht nur nach meiner Auffassung, eine Veränderung stattfinden. Am besten ist

Prinzip der Veränderung

---

28 O. V., *Beim Schminken muss ich dann halt meiner Frau mal genauer zuschauen.*
29 Shilova, *Mich interessieren Veränderungen.*

dabei eine Veränderung einer Figur bzw. der Hauptfigur. Das ist ein Prinzip, an das ich mich halte, und weil mich der Prozess der Veränderung weniger interessiert, als die Reaktion der Figur auf diese Veränderung, führe ich die auch manchmal sehr abrupt herbei."[30]

„Leute, denen das Leben zustößt"

„(M)eine Romanfiguren sind alles Leute, denen das Leben zustößt. Ich habe die Erfahrung gemacht, dass man sehr wohl das Gefühl haben kann, das Leben im Griff zu haben, dass aber die wichtigen Entscheidungen nicht durch einen selbst, sondern durch das Leben getroffen werden."[31]

---

30 O. A., *Beim Schminken muss ich dann halt meiner Frau mal genauer zuschauen.*

31 Mangold, *Für meine kleine Tochter lebt ihr Bruder noch.*

6. PRÜFUNGSAUFGABEN MIT MUSTERLÖSUNGEN

Unter www.königserläuterungen.de/download finden Sie im Internet zwei weitere Aufgaben mit Musterlösungen.

Die Zahl der Sternchen bezeichnet das Anforderungsniveau der jeweiligen Aufgabe.

Aufgabe 1 *

Beschreiben und charakterisieren Sie die beiden Frauenfiguren Evelyne Vogt und Lucille Roth in ihrer Beziehung zu Urs Blank und vergleichen Sie die beiden miteinander.

Mögliche Lösung in knapper Fassung:

CHARAKTERISIERUNG

Die beiden Frauen leben in diametral entgegengesetzten Welten: Die 38-jährige Evelyne Vogt teilt sich zu Beginn des Romans mit Urs Blank zusammen eine riesige Wohnung „in einem herrschaftlichen Haus aus den zwanziger Jahren auf dem Villenhügel am Stadtrand" (S. 20), wo jeder neben den gemeinsamen Räumen noch seinen persönlichen Bereich hat: „das Musikzimmer war Evelynes Reich und die Bibliothek das von Urs. Jeder besaß ein Schlafzimmer mit eigenem Bad." (S. 20 f.) Um Raumpflege, Wäsche und das Kochen für größere Einladungen kümmern sich andere. Die 26-jährige Lucille dagegen wohnt mit ihrer Freundin Pat und einer Katze zusammen „im dritten Stock des verwitterten Mietshauses" (S. 44).

Wohnsituation

Evelyne ist eine erfolgreiche Geschäftsfrau, „die einen Laden für Designmöbel aus den zwanziger und dreißiger Jahren" (S. 7) besitzt, der die Inhaberin ebenso in der gehobenen Gesellschaftsschicht verortet (vgl. S. 10) wie die gemeinsame Wohnung von

Berufssituation

Evelyne und Blank. Das Hippiemädchen Lucille hat lediglich einen Flohmarktstand gemietet, an dem sie einmal wöchentlich indische Seidentücher, Räucherstäbchen, Meditations-Accessoires und Marihuana-Pfeifen verkauft (vgl. S. 17 f.). Die Einnahmen reichen ihr gerade zum Leben und dafür, zweimal im Jahr in Asien ihre Produkte einzukaufen.

Lucille: alternativ-natürlich

Während Evelyne als Lebenspartnerin konventionellen Vorstellungen entspricht, verkörpert Lucille das Alternative. Schon ihr Äußeres drückt dies aus: eine „Überfülle schwarzer Locken", blassblaue Augen „wie bei einem Husky", ein „goldenes Kastenzeichen" auf der Stirn; sie trägt „einen chinesischen Seidenmantel und mehrere der Seidenschals aus ihrem Angebot" (S. 18). Unkonventionell mutet auch ihre Tierliebe an, die sie zur Vegetarierin macht, und ihre Drogenerfahrungen. Zudem glaubt sie wie Hinduisten oder Buddhisten an Wiedergeburt (vgl. S. 23). Auf Blank wirkt sie in ihrer Neugier und ihrem Wissensdurst besonders natürlich (vgl. S. 45).

Evelyne: kontrolliert-rational

Es fällt auf, wie sehr die reife Frau Evelyne ihre Gefühle zu Urs Blank kontrolliert und rational mit ihnen und auch mit ihrem Partner umgeht. Als sie realisiert, dass Urs eine Geliebte hat, ignoriert sie dies zunächst bewusst, sodass Blank seinem Freund Wenger berichtet: „Sie erwähnt die Sache mit keinem Wort. Sie stellt keine Fragen, macht keine Bemerkungen. Sie tut, als ob nichts wäre." (S. 49) Obwohl oder gerade weil sie Blank nicht verlieren möchte und um ihre Selbstachtung zu bewahren, nötigt sie ihn dann aber doch auszuziehen (vgl. S. 53). Dass ihm ihre gemeinsame Welt nicht mehr genügt und er noch anderes erleben möchte, versteht Evelyne nicht und tut es als „Kitsch" ab: „Hör mir auf mit deinen Welten. Du lebst in der gleichen Welt wie zuvor. Mit dem einzigen Unterschied, dass du jetzt eine junge Freundin hast. Wie jeder Spießer Mitte vierzig, der es sich leisten kann." (S. 54) Trotzdem unternimmt sie mit ihrer Einladung Blanks zum Abendessen einen Versöhnungsversuch und möchte ihn zurückgewinnen (vgl. S. 123).

Wahrung eigener Identität

Obwohl sie Blanks Geliebte ist, wahrt Lucille ihre Selbstständigkeit: Von der Luxussuite zeigt sie sich nicht sehr beeindruckt und zieht es vor, die Nacht mit ihm in ihrer eigenen Wohnung zu verbringen. Auch besteht sie von Anfang an darauf, „sich für jede Einladung mit einer Gegeneinladung zu revanchieren. Es ging ihr ums Prinzip. Es war ihre Art, ihre Unabhängigkeit zu wahren. Sie einigten sich darauf, sich gegenseitig an Orte ihrer Wahl und Möglichkeiten einzuladen." (S. 50) Wie Evelyne bleibt auch Lucille ihrer Identität und Welt treu, führt aber Blank in sie ein, insbesondere mit dem Vorschlag, einen Trip mit halluzinogenen Drogen zu erleben, weshalb sie sich später mitschuldig an Blanks Persönlichkeitsveränderung fühlt. Als Blank sie danach immer mehr vernachlässigt und nach Joe Gassers Tod sogar für kurze Zeit zu Evelyne verschwindet, ist für sie die Beziehung zu Ende: „Soviel zum Thema Blank" (S. 147), sagt sie zu ihrer Freundin. Beim einzigen Anruf vom Eschengut aus lässt sie durch Pat ausrichten, sie „habe keine Lust, mit ihm zu sprechen" (S. 165), und reist nach Indonesien, weil ihr dies die Trennung erleichtert (vgl. S. 166).

Gemeinsamkeiten und Parallelen

Trotz des Altersunterschieds und ihrer Verwurzelung in völlig verschiedenen Welten haben beide Frauen einiges gemeinsam: Charakterlich bewahren sie ihre je eigene Identität, Selbstständigkeit und Unabhängigkeit. Für beide ist Urs Blank weder der erste noch der letzte Mann: Beide wurden zuvor von einem Mann verlassen. Evelyne erlebte den Trennungsprozess als „Albtraum" (S. 47); Lucille scheint dagegen nicht sehr gelitten zu haben (vgl. S. 23). Nach Blanks Verschwinden trösten sich beide Frauen relativ rasch: Evelyne mit ihrem Anwalt (vgl. S. 211), Lucille mit Arshad, allerdings nur vorübergehend (vgl. S. 211). Beide Frauen haben eine

Freundin ihres sozialen Standes, mit der sie über Blank und ihre Beziehung zu ihm sprechen können.

Aufgabe 2 ***

Analysieren und interpretieren Sie die Schlüsselstelle am Ende des vierten Kapitels ab „Urs Blank saß auf (...) dafür gebraucht hatte" (S. 77 f.) und setzen Sie diese in Bezug zu Urs Blanks Identitätsveränderung im Romanverlauf.

Mögliche Lösung in knapper Fassung:

INTERPRETATION

Göttliche Allmacht

Dieser Textauszug zeigt in personaler Erzählperspektive den 45-jährigen Wirtschaftsanwalt Urs Blank auf dem Höhepunkt seines ersten halluzinogenen Pilztrips, der für ihn eine nachhaltige Identitätsveränderung zur Folge hat. Einem König oder Gott gleich sitzt er auf einem „grünen Thron". Die grüne Farbe verweist schon auf den Wald, mit dem er sich später zunehmend identifiziert. Um sich herum sieht er die ganze Menschheit versammelt. Er ist allmächtig, weil er jede Person, die er kennt, nach seinem Willen verwandeln kann, in Tiere, Pflanzen oder Sachen. D. h., er entmenschlicht und/oder vergegenständlicht sie nach Belieben. Ihre Todesangst, ihr ‚Winseln um ihr Leben', kümmern ihn nicht, weil er außer seiner Allmacht nichts fühlt: „Ohne Mitleid, ohne Vergnügen. Ohne die geringste Gemütsregung". Der Zustand erinnert an die Wirklichkeit des Traums, in der alles möglich ist.

Zerfall jedes Wertesystems

Die darauf folgende halluzinierte „Einsicht" zerstört sein ganzes Wertesystem, wischt es wörtlich „blank": Seine vollbrachten Leistungen während seines Lebens, sein Denken und Fühlen verlieren allen Sinn, werden zum Unsinn, erweisen sich als „Irrtum". Die gesellschaftliche Moral – die Unterscheidung in „(g)ut, böse, falsch, richtig" – fällt von ihm ab, ebenso ästhetische Urteile und

Differenzen zwischen „schön" und „hässlich", personale Grenzen zwischen „ich" und „du"; ja, selbst Besitzverhältnisse „mein" und „dein" lösen sich in nichts auf. „Es gibt keine Vergleichsgrößen" mehr. Zurück bleibt nur die nackte Existenz von Urs Blank.

Regression ins Vorbewusste, Existenzielle

Damit regrediert[32] er auf künstlichem Wege auf einen Zustand vor dem (erwachsenen, reifen) Ich-Bewusstsein, mit Sigmund Freud gesprochen: ins *Vorbewusste*, wo es noch keine Unterscheidungen gibt. Diese lernt der Mensch erst im Verlaufe seiner Sozialisation und Entwicklung zum erwachsenen Menschen. Philosophisch könnte man auch sagen, dass Blank hier eine existenzielle Situation erlebt. Alle psychischen Abwehrmechanismen sind ausgeschaltet.

Die „Einsicht" bleibt

Das Fatale bei Blank ist (aufgrund der besonderen Wirkung des Bläulings) dass diese „Einsicht" auch nach dem Trip bestehen bleibt: „Die von ihm befohlenen Metamorphosen der Natur und der Menschheit spielten sich noch einmal vor ihm ab. Aber diesmal konnten es keine Halluzinationen sein. Er wusste, wer und wo er war, und sah alles noch einmal so dreidimensional und realistisch wie die Welt selbst." (S. 81) Darauf „überfällt ihn ein Gefühl nie gekannter Einsamkeit". Er weint und ist auch von Lucille nicht zu trösten: „Wie sollte ihn jemand trösten, den er durch einen einzigen Lidschlag entstehen und vergehen lassen konnte?" (S. 82) Auch nach einem ausgiebigen Schlaf ist die „Einsicht" noch immer präsent: „Diese Erkenntnis hatte über Nacht nichts von ihrer Unausweichlichkeit verloren." (S. 83) Dass er Lucille während des Trips geschlagen hat, erscheint ihm „nicht wirklich"; und beim Abschied sagt er ihr: „Man ist immer allein." (S. 84) Blank konstatiert: Er hat einen psychedelischen Trip unternommen. „Eine Reise in die Unwirklichkeit. Jetzt war er wieder zurück in der Wirklichkeit. So war es. Nicht umgekehrt. / Das sagte er sich immer wieder.

---

32 Regression: in der Psychoanalyse Zurückentwicklung, Rückschritt auf frühere Stufe.

Und es funktionierte. Solange ihm nicht die Augen zufielen. Denn dann wurde die Unwirklichkeit wieder wirklich." (S. 85) Selbst nach einem Akt wirklicher Selbsterkenntnis stellt sich die „Einsicht" gedanklich spontan wieder ein: „Vielleicht hatte er es gerade seiner Fähigkeit, seine Gefühle im Zaum zu halten, zu verdanken, dass er es so weit gebracht hatte. Was ihn jetzt beunruhigte, war weniger, dass er die Kontrolle über das längst domestizierte Tier in ihm zu verlieren schien, als die Tatsache, dass es ihm egal war. / Es gab nichts und niemanden, auf den er Rücksicht nehmen musste. Weil nichts und niemand wirklich existierte. / Dass das Unsinn war, war ihm klar. Aber der Unsinn hatte sich tief in seinem Unterbewusstsein festgesetzt und funkte von dort aus in sein Bewusstsein." (S. 91)

Verlust von Empathie und Gefühlskontrolle

Er hat nicht nur seine Kontrolle über seine Gefühle, insbesondere über seine Aggressionen verloren, sondern überhaupt jegliches Mitgefühl für andere. Was er tut, geschieht wie während des Trips „ohne Mitleid, ohne Vergnügen. Ohne die geringste Gemütsregung." (S. 78) Er handelt ohne Höflichkeit, Respekt und Anstand, wie die folgenden Beispiele zeigen:

→ Als er Lucille nach seiner Erholung anruft, merkt sie irgendwann, „dass er ihr nicht mehr zuhörte" und danach, „dass er aufgelegt hatte. Nicht im Zorn. Ohne Grund. Einfach so. Wie wenn er vergessen hätte, dass sie existierte." (S. 86)
→ Während einer Fusionssitzung, die er moderieren soll, wirkt er „abwesend, verlor den Faden, nahm ihn unvermittelt wieder auf, unterbrach die Gesprächspartner oder studierte sie verwundert, wie seltene Insekten." (S. 88)
→ Obwohl er sich vornimmt, sich bei Gerber und Huwyler zu entschuldigen, tut er es nicht: „Ich sehe keinen Anlass für eine Entschuldigung." (S. 92)

→ Als sein Partner Berg in sein Büro tritt, geht er einfach hinaus und verschwindet (vgl. S. 92).
→ Auf Lucille in ihrer Wohnung wartend, tötet er ihre zutrauliche Katze, die ihm auf den Schoß springt, ohne jegliches Gefühl (vgl. S. 93).
→ Statt sich bei Gerber zu entschuldigen, der ihm freundlicherweise das im Kopierer vergessene Original bringt, mit dem Lucille ihre Katze wieder finden will, beschimpft er ihn erneut: „Raus! (...) Verschwinde, wenn dir dein Leben lieb ist, du Arschkriecher! Raus!" (S. 99)
→ Auch bei dem von ihm provozierten Autounfall, der zwei Todesopfer fordert, sucht der Leser vergebens nach einem Motiv oder einem Gefühl Blanks: „Urs Blank forschte in seinem Innern nach irgendeiner Regung. Er fand nichts." (S. 103)

Kontrollverlust ohne schlechtes Gewissen

Mit treffender Selbsterkenntnis schildert er seinen psychischen Zustand seinem Freund, dem Psychiater Alfred Wenger, folgendermaßen: „Ich habe die Kontrolle über mich verloren. (...) Ich folge jedem Impuls. Es gibt keine Hemmschwelle. (...) Alles, was ich früher manchmal am liebsten getan hätte, tue ich jetzt, ohne zu zögern. Und in aller Unschuld. (...) Und das Schlimmste ist: Ich habe kein schlechtes Gewissen. Keine Spur von Reue. Ich spreche mit dir nur deshalb darüber, weil ich mir einrede, dass ich etwas dagegen unternehmen muss. Weil die Dinge, die ich tue, nach allgemeinem Verständnis nicht richtig sind. Und weil es nur eine Frage der Zeit ist, bis ich schlimmere Dinge tue." (S. 107 f.) Wenger rät zur Wiederholung des Trips unter seiner Aufsicht, um die Veränderung zu korrigieren, was dann auch geschieht, aber nur mit dem Resultat, dass sich das Gewissen und die Schuldgefühle nun verspätet melden (vgl. S. 122, 123).

Retardierte Schuldgefühle

Der Versuch, „das Gewissen früher ins Spiel zu bringen", scheitert beim Journalisten, den er für Huwyler an der Veröffentlichung der Fusionsgeschichte hindern soll: Blank droht ihm damit, das Genick zu brechen (vgl. S. 126).

Spontane Tätlichkeiten gegen allen guten Vorsatz

Blank erinnert sich vieler „Gründe, ein schlechtes Gewissen zu haben" (S. 127). Aber seine absolut gefühllose Handlungsweise vermag er nicht zu ändern: Bevor er den versuchten Räuber niederschlägt und überfährt, heißt es: „Das einzige Gefühl, das Blank verspürte, war Verwunderung. Verwunderung darüber, dass ihm so etwas passierte. Und darüber, dass er keine Spur von Angst empfand." (S. 131) Hier wie auch bei der Erpressung von Joe mit Ohrfeige und kochendem Wasser (S. 135 f.) stellen sich Schuldgefühle erst später ziemlich diffus ein: „Er musste hier raus, bevor dieses lähmende Gefühl von Reue sich seiner bemächtigte." (S. 140) Und Wenger klagt er: „Dieses Gefühl von Schuld macht mich fertig." (S. 145) Nur als Blank Pius Ott ins Gesicht schlägt (vgl. S. 155 f.), stellen sich keine Schuldgefühle ein. Die rabiate Vertreibung Evelynes legitimiert Blank mit dem Schutz seiner „Intimsphäre" (S. 160) des Waldes, in die sie eindringen wollte und wo er seine „Einsicht" wieder erleben kann: „Nichts war wirklich, nur er selbst." (S. 182) Spontan und aus Eifersucht würgt er Arshad, bis er von Lucille einen Schlag auf den Kopf bekommt (vgl. S. 189). Da er sich mittlerweile mit dem Wald zunehmend identifiziert, der ihm die menschliche Mitwelt ersetzt, duldet er dort niemanden mehr außer sich selbst: Der Pilze suchende Jäger wird von ihm in die Tiefe gestoßen (S. 221); die Schuldgefühle übersteht er in drei Wellen, bis „allmählich die Einsicht wieder überhandnahm, dass nichts zählte außer ihm" (S. 222). Nach dem Erschlagen der Maus fühlt er sich als zu einem „Teil des Waldes" werden (vgl. S. 224). Zur Selbstverteidigung durchbohrt er den Polizei-Schäferhund mit einem Speer (vgl. S. 248) und ist jedem Menschen feindlich gesinnt: So ist er bereit, den Mann auf der Autobahnbrücke, der die Autos zählt, hinunterzustoßen, „wenn er den Mund aufgemacht hätte" (S. 259, vgl. S. 291).

Rückverwandlung

Auf einem dritten Trip mit halluzinogenen Pilzen und dem gefundenen Bläuling wiederholt Blank nach Wengers Rat diesmal allein die erste Reise mit dem Ziel der Heilung: Nicht mehr auf einem grünen Thron sitzend, sondern auf einem Polster aus violettem Moos erlebt und vollzieht er seine Allmacht: Er selbst ändert die Formen des Waldes. Die Menschen seines Lebens erscheinen verwandelt als Pflanzen des Waldes: „Wenn die ernste Tanne Wenger nicht gewesen wäre – er hätte sie alle ausgelöscht. / Aber die Tanne sagte: ‚Du kannst den Kurs bestimmen. Du kannst den Kurs bestimmen.' / Da befahl Blank dem Wurmfarn, wieder Dr. Fluri zu sein. (…) Freunde, Feinde, Geliebte, Verflossene, Schlüsselfiguren und Komparsen seines Lebens versammelten sich um ihn auf dem Grund des Waldes. Wogten mit ihm, dem Farn, dem Moos, den Zweigen in der sanften Strömung des Universums. Und wurden mit ihm Teil davon." (S. 308 f.) Entscheidend ist hier, dass die „Einsicht", dass es nichts außer Urs Blank gibt, fehlt. Die Erinnerung an den Rat seines Freundes bewirkt, dass Blank in seiner halluzinierten Allmacht die Bekannten zurückverwandelt in selbstständige, zu respektierende Menschen. Er bildet nicht mehr allein das Universum. Sie werden wieder „*mit* ihm Teil davon". Damit ist die Regression aufgehoben. Er ist geheilt. Spontan lässt er sich von Ott am Schluss erschießen, obwohl er Zeit und Gelegenheit hätte, ihn in der Notwehr zu erstechen (vgl. S. 314), was sich als Sühneleistung für all die Untaten, die er begangen hat, deuten lässt.

Aufgabe 3 **

Wie funktioniert das Gewissen bei Alfred Wenger und Pius Ott? Nach welchen Kriterien oder Prämissen handeln sie? Vergleichen Sie die beiden Moralen miteinander.

Mögliche Lösung in knapper Fassung:

VERGLEICH

Alfred Wenger: Hilfe nach ärztlicher Ethik

Alfred Wenger, der Freund und Psychiater von Urs Blank, erscheint im Roman als durch und durch integer. Seine Moral richtet sich nach den ethischen Grundsätzen eines Arztes, der den Menschen nach bestem Wissen und Gewissen hilft und zudem der Schweigepflicht unterstellt ist. Letztere geht auf den hippokratischen Eid zurück und ist gesetzlich verankert. Zur Haltung eines Psychiaters oder Psychologen gehören das möglichst wertfreie Akzeptieren des Klienten und aktive Zuhören, aber auch das kritische, reflektierte Kommentieren. Über all diese Eigenschaften und Fertigkeiten verfügt Wenger in hohem Maße. Als ihm Urs Blank von seiner neuen Geliebten erzählt, leitet der Autor dessen Reaktion so ein: „Zuhören war Alfred Wengers Beruf. Er aß und schwieg. Ganz selten einmal stellte er Urs eine Zwischenfrage. Weniger aus Neugierde, als um ihm Gelegenheit zu geben, seinen Monolog über Lucille für ein paar Bissen (…) zu unterbrechen." (S. 48 f.) Als Freund und erfahrener Psychiater kommentiert er beispielsweise Evelynes Verhalten (vgl. S. 49).

Aktives Zuhören und kritisches Kommentieren

Hilfe mit Rat und Tat

Nachdem ihm Blank von seinem Trip und dessen Folgen, dem Verlust der Hemmschwelle und seinem impulsiven Verhalten, berichtet, erklärt ihm Wenger kompetent die Wirkung von Psilocybin und diagnostiziert psychologisch richtig: „Du hast auf deinem Trip die Einsicht gewonnen, dass es nichts gibt außer dir selbst. Und dieser Erkenntnis entsprechend verhält sich dein Unterbewusstsein." (S. 107) Der Katzenmord lässt Wenger aufhorchen und den Ernst der Situation erkennen: Er „hatte aufgehört, seine Mousse zu essen" (S. 108). Er rät zur Wiederholung des Trips unter seiner Aufsicht und stellt ihm, um seine berufliche Reputation zu schützen, ein Attest auf „Lebensmittelvergiftung" aus. Verantwortungsbewusst verabreicht er Blank Schlafmittel, schickt Lucille weg und sagt ihm: „Ich schütze dich vor dir." (S. 110) Wenger will somit weiteren und womöglich schlimmeren Gewaltakten vorbeugen. Voller Geduld lässt er sich von Blank während des zweiten Pilztrips eine Stunde lang umarmt halten. Dann kommentiert er nüchtern als Arzt: „Anstatt den Trip zu wiederholen und an den entscheidenden Stellen zu korrigieren, hast du einen völlig anderen gemacht." (S. 120) Von einer Heilung Blanks ist er nicht überzeugt (vgl. ebd.). Wenger stellt fest: „Wir haben es nicht geschafft, das Böse in das Gute zu verwandeln. Und das Gute, das du dem Bösen entgegensetzt, ist nicht stark genug." (S. 128) Er rät zu einer Psychoanalyse bei einem Kollegen, was aber Blank zu lange dauert. Richtig vermutet Wenger, dass sein Freund noch Schlimmeres anrichten kann: „Hast du in diesen Tagen das Gefühl gehabt, du könntest nicht nur einer kleinen Katze gefährlich werden?" (S. 130) Da Blank ihm aber seine Gewalttaten verschweigt, unterschätzt Wenger letztlich Blanks Gefährlichkeit. Nachdem ihm Lucille von Joes Tod und Blanks Verschwinden erzählt hat, sucht er ihn sofort pflichtbewusst und lässt sich von Blanks Reaktion täuschen: Auf Wengers Mitteilung hin sagt Blank nur „Ach". „Es klang weder erstaunt noch erschrocken noch enttäuscht. (…) Wenger war erleichtert." (S. 146) Wenger diagnostiziert eine „Erschöpfungsdepression" und empfiehlt ihm zur Erholung das Eschengut. Besorgt besucht er ihn dort unangemeldet und lässt sich von ihm erklären, weshalb er Evelyne mit dem Tode gedroht hat. Überhaupt macht er sich ernsthaft Gedanken über Blank, weil er noch nie bei jemandem eine so rasche Persönlichkeitsveränderung erlebt hat. Als ihn Lucille nach der Würgeaktion an Arshad anruft, erweist er sich sofort als hilfsbereit, verarztet ihren Freund, rät aber vorerst von einer Anzeige ab, um seinen Freund und Klienten zu schützen.

Schweigepflicht

Gewissenhaft wahrt Wenger auch die Schweigepflicht im Interesse seines Patienten und Freundes: Evelyne erfährt nur, dass Urs unter einer Depression leidet, vom verhängnisvollen Pilztrip erfährt sie nichts: „Ich verstehe, du darfst mir nichts sagen." (S. 144) Auch als die Polizei Blank sucht, verhält er sich als seinem Patienten gegenüber loyaler Arzt: „Wenger (...) bestätigte den Vorfall, spielte ihn aber herunter. Es sei auch richtig, dass Dr. Blank seit gestern Abend verschwunden sei. Aber daran sei nichts Ungewöhnliches. Er besitze die Angewohnheit, mehrere Tage und Nächte im Freien zu verbringen. Dr. Blank brauche das als Ausgleich. Er sei ein großer Naturfreund." Auch den Verdacht, Blank konsumiere psychodelische Pilze, zerstreut er: „Er kennt sich aus in Fauna *und* Flora des Waldes, wenn Sie das meinen." (beide S. 193) Auf die Frage, weshalb sich Blank in psychiatrischer Behandlung befindet, gibt Wenger keine Auskunft: „Ich kann Ihnen keine Auskunft geben. Aber so viel kann ich sagen: Es würde mich leider nicht überraschen, wenn er sich etwas angetan hätte." (S. 197) Als Blaser ihm den Pilzatlas zeigt mit Blanks Schrift und dem Vermerk „Pius Otts Scherzpilz", entscheidet er sich, „dass diese Anekdote nicht unter das Arztgeheimnis fiel, und erzählte, was es damit für eine Bewandtnis hatte." Die Bemerkung jedoch „Wir wissen, dass Dr. Blank mit Drogenpilzen experimentiert hat." lässt er unbeantwortet: „Das hingegen, entschied Wenger, fiel unter das Arztgeheimnis. ‚Sie werden verstehen, dass ich mich dazu nicht äußern kann.'" (S. 272)

Handeln nach bestem Wissen und Gewissen

Alfred Wenger handelt also insgesamt nach bestem Wissen und Gewissen entsprechend seiner Ethik als Arzt und auch als Freund. Er scheint auch mit sich selbst vollkommen im inneren psychischen Gleichgewicht zu sein, wie es von einem Psychiater zu erwarten ist.

Pius Ott, der Antipode von Urs Blank, handelt eigentlich nach Blanks im Pilztrip gewonnener „Einsicht", dass nichts außer dem eigenen Ich zählt; aber er tut es nicht impulsiv im Affekt oder unkontrolliert, sondern überlegt und kontrolliert, wenn auch leidenschaftlich. Er jagt Tiere, deren Trophäen er sammelt, Menschen, insbesondere Fluri und Blank, und er jagt auch dem Geld nach. Fairness, Schuldgefühle oder Mitleid kennt er nicht, dafür das Prinzip der Rache, wie seine jahrelange Jagd auf Fluri zeigt (vgl. S. 57, 124). Zudem ist er ein Opportunist, der sein Handeln nach Nützlichkeitskriterien ausrichtet: Gut ist, was ihm nützt und seine ganz speziellen Bedürfnisse befriedigt. Er wird dem Leser eher unsympathisch gemacht.

Pius Ott

Als Jäger fühlt er sich ähnlich wie Blank in seinen halluzinogenen Pilztrips wenn auch nicht allmächtig, so doch gottähnlich: „Über Tod oder Leben bestimmen kommt dem Zustand der Unsterblichkeit sehr nahe." (S. 154) Seine Jagd auf Tiere trägt Züge der Gemeinheit: Besonders unfair geht es bei der Lappjagd im russischen Kirov zu: „Die Lappjagd war eine Treibjagd mit an Schnüren aufgehängten Lappen. An einer Stelle ließ man eine Lücke frei als einzigen Ausweg für das Tier. Der Jäger stellte sich davor und wartete mit der Büchse im Anschlag. Das war zwar keine sehr sportliche Jagdmethode, aber Ott fand die Unausweichlichkeit der Situation erregend." (S. 104) Nachdem er dem Dreistangenbock „wie ein Anfänger" (S. 252) bloß einen „Krellschuss" verpasst hat, bleibt dieser im „Wundbett" über Nacht liegen, bekommt aber am nächsten Morgen von Ott nicht den bei Jäger üblichen sofort tödlichen „Fangschuss", sondern muss an Otts Messerstich langsam verenden (vgl. S. 255). Seine wertvollste Trophäe sieht er im Schädel eines Löwen, der schon Menschen getötet hat: „Es war seine aufregendste Jagd gewesen. Er hatte es mit einem Gegner zu tun, der ihm selbst gefährlich werden konnte. / Seither hatte er nie mehr

Gottähnlichkeit: Bestimmen über Leben und Tod

einen solchen Gegner gehabt." (S. 244) Einen solchen Gegner hat Ott erst wieder in Blank, den er am Schluss zwar kaltblütig erschießt und damit über ihn „siegt", aber dennoch verliert, weil er nach dem Mord gerichtlich zur Rechenschaft gezogen wird.

Rache an Blank wegen Selbsttäuschung

Wie bei Fluri geht es Ott auch bei Blank um Rache, nämlich für den empfangenen Faustschlag (vgl. S. 155), den er freilich selbst provoziert hat, und dafür, dass er sich von Blank getäuscht fühlt (vgl. S. 186).

RESÜMEE

Während also Alfred Wengers Moral den ethischen Grundsätzen eines Arztes entspricht, folgt Pius Ott einer egoistischen Jägermoral, glaubt, nach Belieben über Leben und Tod bestimmen und an Menschen wie Fluri und Blank seine Rache nehmen zu können für angeblich erlittenes Unrecht.

Aufgabe 4 ***

Erläutern Sie die Symbolik des Waldes im Hinblick auf den Protagonisten Urs Blank.

Mögliche Lösung in knapper Fassung:

ERLÄUTERUNG

Der Wald als Symbol der Natur, der Freiheit, des Schutzes, des Anderen

Der Wald steht aus der Sicht Blanks generell für das Andere, das Andere seines bisherigen erfolgreichen Lebens und die „dunkle" Seite oder eben nach C. G. Jung den „Schatten", seines inneren Lebens. Dieses Andere manifestiert sich schon ganz am Anfang des Romans, als der Protagonist sich spontan entschließt, nicht wie üblich mit dem Taxi heimzufahren, sondern zu Fuß durch den Wald zur nächsten Tramstation zu wandern. Dabei kann er sich nicht erinnern, „wann er das letzte Mal durch einen Wald gegangen war." (S. 7) Dieses Andere kulminiert in den drei Pilztrips, die ja alle auch im Wald stattfinden (vgl. Kap. 4, 7 und 20). Laut Ott findet man im Wald „Stillstand und Veränderung" (S. 154), was auch auf Blank zutrifft. Der Wald gehört zur morallosen Natur, in der Blank Zuflucht und Ruhe sucht: „Im Wald war er weder gut noch böse, wie jede Kreatur." (S. 157) Dort erfährt er sich selbst mit allen Sinnen, denn als Evelyne ihn fragt, was er im Wald tue, antwortet er: „Schauen, hören, riechen. Schweigen." (S. 158) Entsprechend erlebt er ihn als „Intimsphäre", in die niemand eindringen darf, wie er seinem Freund Wenger erklärt (vgl. S. 160). Darum vertreibt er Evelyne, tötet den Jäger und auch den Schäferhund. Der Wald bietet ihm Schutz und Heilung. Anfälle von Depressionen „behandelte er mit einer Überdosis Wald." (S. 163) Als Versteck soll er ihn auch „vor sich selbst" schützen, was sich aber schließlich als unmöglich erweist: „Der Wald konnte ihn nicht wieder zu dem machen, der er früher war. Er konnte ihm nur helfen, den, der er geworden war, zu ertragen." (S. 224 f.) „Er hatte eine Technik entwickelt, die ihm half, sich in die Welt des Waldes zu versenken: Er brauchte dazu nur einen Zweig, ein Farnwedel oder ein Stück Moos. Er hockte sich auf den Boden, umfasste das Stück Vegetation mit beiden Fäusten, presste sie gegen die Stirn und schloss die Augen." (S. 168) Er sucht geradezu die mystische Vereinigung mit dem Wald: Als er seine Lichtung im Unterholz entdeckt hat, wo er später sein erstes Waldlager aufstellt, legt er sich hinein, „schloss die Augen und stellte sich vor, wie er immer tiefer hineinsank in den Grund des Waldes. So nahe war er dem Gefühl noch nie gekommen, das er damals verspürte, als er Teil des Waldes wurde" (S. 169 f.). Diese meditative Versenkung geht bis zur Identifikation mit dem Wald als etwas Totem, ja mit dem Tod schlechthin: Sehr eindrücklich geschieht dies, nachdem Blank eine Haselmaus erschlagen hat, die gleich danach von zwei Käfern, Totengräbern, verscharrt wird (vgl. S. 223 f.). Zuerst identifiziert er sich mit der toten Maus selbst, danach mit dem Wald als Ganzem: „Er war die Maus. Unter sich spürte er das Krabbeln der Käfer und die Kühle der Erde. (…) / Über ihm schloss sich die Erde wieder. Er wurde Teil des Waldes." (S. 224) Damit ist der symbolische Bezug zu seinem eigenen Tod gegeben. Er wird vom Protagonisten antizipiert. Was er hier noch subjektiv emotional erlebt, vollzieht sich nach seinem Tod objektiv, als Ott ihn begraben hat: „Urs Blank wurde Teil des Waldes." (S. 315) Seine „Veränderung" bzw. das Andere ist außen und innen zum Stillstand gekommen.

LITERATUR

Zitierte Ausgabe:

Suter, Martin: *Die dunkle Seite des Mondes*. Roman. Zürich: Diogenes Taschenbuch, 2001

Primärliteratur:

Suter, Martin: *Small World*. Roman. Zürich: Diogenes, 1997

Suter, Martin: *Ein perfekter Freund*. Roman. Zürich: Diogenes, 2002

Suter, Martin: *Lila, Lila*. Roman. Zürich: Diogenes, 2004

Suter, Martin: *Der Teufel von Mailand.* Roman. Zürich: Diogenes, 2006

Suter, Martin: *Der letzte Weynfeldt*. Roman. Zürich: Diogenes, 2008

Suter, Martin: *Der Koch*. Roman. Zürich: Diogenes, 2010

Suter, Martin: *Allmen und die Libellen.* Roman. Zürich: Diogenes, 2011

Suter, Martin: *Allmen und der rosa Diamant*. Roman. Zürich: Diogenes, 2011

Sekundärliteratur:

Arnold, Wilhelm u. a. (Hrsg.): *Lexikon der Psychologie.* Bern, Freiburg i. B. 1976

Apel, Friedrich: *Pilze für den Wirtschaftsanwalt. Martin Suter erkundet die dunkle Seite des Mondes* [Rezension]. In: Frankfurter Allgemeine Zeitung, 6. 4. 2000

Binswanger, Michèle: *Stil-Kontroverse um Martin Suter*. In: Tages-Anzeiger, 20. 1. 2011

Cailleux, Thea: *Klausurtraining. Martin Suter: Die dunkle Seite des Mondes*, Stuttgart: Klett, 2012

Ebel, Martin: *„Die Schweiz ist kein sicherer Hafen mehr".* In: *Basler Zeitung*, 21. 1. 2012 → Gespräch mit Martin Suter aus Anlass des Romans *Der Koch.*

Ebel, Martin: *Martin Suter reizt die Kritiker.* In: Tages-Anzeiger, 31. 1. 2011

Greiner, Ulrich: *Platinblond, navyblau. Martin Suters erstaunlich gelobte Romane sind erstaunlich schlecht geschrieben.* In: DIE ZEIT, 5. 1. 2011

Heidemann, Britta: *Martin Suter kann im Leben nichts verpassen.* In: Westdeutsche Allgemeine Zeitung, 21. 1. 2010 → Interview mit dem Autor.

Höbel, Wolfgang: *Die Elixiere des Springteufels.* In: Der Spiegel, 4. 12. 2006 (http://www.spiegel.de/spiegel/print/d-49767457.html, Stand: November 2012)

Ide, Robert: *„Schweizer sind nett? Quatsch. Fahren Sie mal Tram in Zürich".* In: Der Tagesspiegel, 6. 6. 2008 → Interview mit Martin Suter.

Köster, Thomas: *Pilze für den Staranwalt. In seinem zweiten Roman erzählt Martin Suter, wie Urs Blank Teil des Waldes wurde.* In: Süddeutsche Zeitung, 22. 4. 2000

Kraft, Thomas: *Halluzinogene Pilze mit Lucille. Ohne Hemmschwelle: Martin Suters Roman „Die dunkle Seite des Mondes".* In: Frankfurter Rundschau, 30. 9. 2000

Mangold, Ijoma: *„Für meine kleine Tochter lebt ihr Bruder noch". Martin Suter über den Tod seines dreijährigen Adoptivsohns.* In: ZEITmagazin, 10. 2. 2010

Moritz, Rainer: *Auf Pilzsuche. Martin Suters Roman einer Männerkrise.* In: Neue Zürcher Zeitung, 20. 6. 2000

o. V.: „Beim Schminken muss ich dann meiner Frau mal genauer zuschauen." In: Booksection, 17. 10. 2008 (http://www.booksection.de/pages/content/MartinSuter, Stand: November 2012) → Interview mit Martin Suter.

Reinhardt, Angela: *„Die Liebe und andere neurologische Zwischenfälle". Der Bestsellerautor Martin Suter über Kindheitsträume, Schreibrituale und seinen neuen Roman.* In: AbeBooks.de, 2004 (http://www.abebooks.de/docs/ReadingRoom/Autoren/martinsuter.shtml, Stand: 1.11.2012)

Salomon, Wolfgang: *Akademische Buchhandlung Knodt,* 17. 11. 2006

Shilova, Ardita: *„Mich interessieren Veränderungen – besonders unfreiwillige".* In: Literaturcafe, 12. 3. 2003 (http://www.literaturcafe.de/html/berichte/suter/ophp/, Stand: 1. 11. 2012)

Weissensteiner, Nina: *Nichts für Kaltduscher.* In: DIE ZEIT, 1. 1. 2004 (http://www.datum.at/artikel/nichts-fuer-kaltduscher/, Stand: 1. 11. 2012) → Gespräch mit Martin Suter.

Wunderlich, Dieter: *Inhaltangabe und Rezension zu Martin Suters „Die dunkle Seite des Mondes"* (2006). In: http://www.dieterwunderlich.de/Suter_seite_mondes.htm (Stand: November 2012).

STICHWORTVERZEICHNIS

KÖNIGS ERLÄUTERUNGEN
SPEZIAL

Lyrik verstehen leicht gemacht

- wichtige Prüfungsthemen in allen Bundesländern
- ideal zur Vorbereitung

Umfassender Überblick über die Lyrik einer Epoche (mit Interpretationen)

Lyrik des Barock
Best.-Nr. 3035-8

Lyrik der Klassik
Best.-Nr. 3023-5

Lyrik der Romantik
Best.-Nr. 3032-7

Lyrik des Realismus
Best.-Nr. 3025-9

Lyrik der Jahrhundertwende
Best.-Nr. 3029-7

Lyrik des Expressionismus
Best.-Nr. 3033-4

Lyrik der Nachkriegszeit
Best.-Nr. 3027-3

Lyrik der Gegenwart
Best.-Nr. 3028-0

Bedeutende Lyriker: Einführung in das Gesamtwerk und Interpretation der wichtigsten Gedichte

Benn
Das lyrische Schaffen
Best.-Nr. 3055-6

Brecht
Das lyrische Schaffen
Best.-Nr. 3060-0

Eichendorff
Das lyrische Schaffen
Best.-Nr. 3059-4

Goethe
Das lyrische Schaffen
Best.-Nr. 3053-2

Heine
Das lyrische Schaffen
Best.-Nr. 3054-9

Kästner
Das lyrische Schaffen
Best.-Nr. 3057-0

Rilke
Das lyrische Schaffen
Best.-Nr. 3062-4

Trakl
Das lyrische Schaffen
Best.-Nr. 3061-7

Bange Verlag

Die beste Vorbereitung auf Abitur, Matura, Klausur und Referat